coleção primeiros passos 103

Lúcia Santaella

O QUE É SEMIÓTICA

1ª Edição

editora brasiliense
São Paulo - 2012

Confusão instalada, tentamos desenredar, dizendo: — Não são os signos do zodíaco, mas signo, linguagem. A Semiótica é a ciência geral de todas as linguagens. Mas, assim, ao invés de melhorar, as coisas só pioram, pois, então, o interlocutor, desta vez com olhar de cumplicidade — segredo desvendado —, replica: — Ah! Agora compreendi. Não se estuda só o português, mas todas as línguas.

Nesse momento, nós nos damos conta desse primordial, enorme equívoco que, de saída, já ronda a Semiótica: a confusão entre língua e linguagem. E para deslindá-la, sabemos que temos de começar as coisas de seus começos, agarrá-las pela raiz, caso contrário, tornamo-nos presas de uma rede em cuja tessitura não nos enredamos e, por não nos termos enredado, não saberemos lê-la, traduzi-la.

Aqui encontro a função deste pequeno volume sobre Semiótica: juntos perseguirmos as questões desde seus começos, para que, por fim, cheguemos a um patamar que torne possível ao meu leitor prosseguir, caso queira, livre no seu próprio caminho de investigação e de descoberta.

Lúcia Santaella

O QUE É SEMIÓTICA

1ª Edição

editora brasiliense
São Paulo - 2012

Copyright © by Lúcia Santaella, 1983
Nenhuma parte desta publicação pode ser gravada,
armazenada em sistemas eletrônicos, fotocopiada,
reproduzida por meios mecânicos ou outros quaisquer
sem autorização prévia do editor.

Primeira edição, 1983
34ª reimpressão, 2017

Diretora Editorial: *Maria Teresa B. de Lima*
Editor: *Max Welcman*
Produção Editorial: *Ione Franco*
Produção Gráfica: *Laidi Alberti*
Revisão: *Mercedes de Paula Ferreira e Carmen T. S. Costa*
Capa: *Ettore Bottini*

Dados Internacionais de Catalogação na Publicação (CIP)
(Câmara Brasileira do Livro, SP, Brasil)

Santaella, Lúcia
O que é semiótica / Lúcia Santaella – São Paulo :
Brasiliense, 2012 – (Coleção Primeiros Passos ; 103)

32ª reimpr. da 1ª ed. de 1983
ISBN 978-85-11-01103-6

1. Semiótica I. Título. II. Série.

05-4852 CDD-401.41

Índices para catálogo sistemático:
1. Semiótica : Linguística   401.41

editora brasiliense ltda
Rua Antônio de Barros, 1720 – Tatuapé
Cep 03401-001 – São Paulo – SP
Fone: (11) 3062-2700
www.editorabrasiliense.com.br

SUMÁRIO

I. Primeiro passos para a Semiótica 9

II. O legado de C. S. Peirce 22

III. Para se ler o mundo como linguagem 35

IV. Abrir as janelas: olhar para o mundo 48

V. Para se tecer a malha dos signos 85

VI. Outras fontes e caminhos 111

Indicações para leitura 129

Sobre a autora 132

Para J. Jota de Moraes

PRIMEIROS PASSOS PARA A SEMIÓTICA

Semi-ótica — ótica pela metade? ou Simiótica — estudo dos símios?

Essas são, via de regra, as primeiras traduções, com relação à brincadeira, que sempre surgem na abordagem da Semiótica. Aí, a gente tenta ser sério e diz: — O nome Semiótica vem da raiz grega *semeion*, que quer dizer *signo*. Semiótica é a ciência dos signos. Contudo, pensando esclarecer, confundimos mais as coisas, pois nosso interlocutor, com olhar de surpresa, compreende que se está querendo apenas dar um novo nome para a Astrologia.

Confusão instalada, tentamos desenredar, dizendo: — Não são os signos do zodíaco, mas signo, linguagem. A Semiótica é a ciência geral de todas as linguagens. Mas, assim, ao invés de melhorar, as coisas só pioram, pois, então, o interlocutor, desta vez com olhar de cumplicidade — segredo desvendado —, replica: — Ah! Agora compreendi. Não se estuda só o português, mas todas as línguas.

Nesse momento, nós nos damos conta desse primordial, enorme equívoco que, de saída, já ronda a Semiótica: a confusão entre língua e linguagem. E para deslindá-la, sabemos que temos de começar as coisas de seus começos, agarrá-las pela raiz, caso contrário, tornamo-nos presas de uma rede em cuja tessitura não nos enredamos e, por não nos termos enredado, não saberemos lê-la, traduzi-la.

Aqui encontro a função deste pequeno volume sobre Semiótica: juntos perseguirmos as questões desde seus começos, para que, por fim, cheguemos a um patamar que torne possível ao meu leitor prosseguir, caso queira, livre no seu próprio caminho de investigação e de descoberta.

Uma definição ou um convite?

Alguns anos atrás, em um seminário sobre Semiótica realizado em uma das cidades do Brasil, um aluno que permanecia ainda muito curioso, apesar de já ter assistido a algumas palestras, subitamente me perguntou: — Mas afinal o que é Semiótica?

Assim, de chofre, tomada de surpresa no corredor de passagem de uma sala a outra, devo ter respondido algo parecido com isto: — Quando alguma coisa se apresenta em estado nascente, ela costuma ser frágil e delicada, campo aberto a muitas possibilidades ainda não inteiramente consumadas e consumidas. Esse é justamente o caso da Semiótica: algo nascendo e em processo de crescimento. Esse algo é uma ciência, um território do saber e do conhecimento ainda não sedimentado, indagações e investigações em progresso.

Um processo como tal não pode ser traduzido em uma única definição cabal, sob pena de se perder justo aquilo que nele vale a pena, isto é, o engajamento vivo, concreto e real no caminho da instigação e do conhecimento. Toda definição acabada é uma espécie de morte, porque, sendo fechada, mata justo a inquietação e curiosidade que nos impulsionam para as coisas que, vivas, palpitam e pulsam.

Sei que, em vez de dar uma resposta direta e positiva (função que provavelmente me cabia na ocasião), estava tentando armar uma estratégia de sedução. Em lugar de saciar à sua curiosidade, só queria aumentá-la. Contudo, o peso das certezas é sempre mais forte que o das dúvidas. Recebi, por isso, uma segunda pergunta que, aliás, não era mais uma pergunta, mas uma crítica só levemente velada: — Que importância pode ter isso para nós? Nós que temos a resolver um problema muito mais prioritário e urgente, o da miséria e da fome?

Acenei, então, mais uma vez com uma sugestão de resposta: — Há duas espécies de fome: a da miséria do corpo, esta, mais fundamental e determinante, visto que interceptadora de quaisquer outras funções, necessidades e realizações humanas; mas há também a carência de conhecimento, este, outro tipo de fome. Nossa luta tem de ser travada sempre simultaneamente em ambas as direções. A Semiótica está rapidamente se desenvolvendo em todas as partes do mundo. Por que haveremos nós de cruzar os braços, ficando à espera dos restos de sopa científica que os outros poderão, porventura, nos deixar de sobra?

Linguagens verbais e não verbais

Antes de tudo, cumpre alertar para uma distinção necessária: o século XX viu nascer e está testemunhando o crescimento de duas ciências da linguagem. Uma delas é a Linguística, ciência da linguagem verbal. A outra é a Semiótica, ciência de toda e qualquer linguagem. As principais relações fundamentais de semelhança e oposição entre ambas são problemas que tentaremos ir focalizando, oportunamente, no decorrer do percurso que iremos efetuar neste livro.

Como ponto de partida, porém, que tentemos desatar o nó de um equívoco de base: a diferença entre língua e linguagem em conexão com a diferença, que buscaremos discriminar, entre linguagens verbais e não verbais.

Tão natural e evidente, tão profundamente integrado ao nosso próprio ser é o uso da língua que falamos, e da qual fazemos uso para escrever — língua nativa, materna ou pátria, como costuma ser chamada –, que tendemos a nos desaperceber de que essa não é a única e exclusiva forma de linguagem que somos capazes de produzir, criar, reproduzir, transformar e consumir, ou seja, ver-ouvir-ler para que possamos nos comunicar uns com os outros.

É tal a distração que a aparente dominância da língua provoca em nós que, na maior parte das vezes, não chegamos a tomar consciência de que o nosso estar no mundo, como indivíduos sociais que somos, é mediado por uma rede intrincada e plural de linguagem, isto é, que nos comunicamos também por meio da leitura e/ou produção de formas, volumes, massas, interações de forças, movimentos; que somos também leitores e/ou produtores de dimensões e direções de linhas, traços, cores... Enfim, também nos comunicamos e nos orientamos por meio de imagens, gráficos, sinais, setas, números, luzes... Por meio de objetos, sons musicais, gestos, expressões, cheiro e tato, através do olhar, do sentir e do apalpar. Somos uma espécie animal tão complexa quanto são complexas e plurais as linguagens que nos constituem como seres simbólicos, isto é, seres de linguagem.

Cumpre notar que a ilusória exclusividade da língua, como forma de linguagem e meio de comunicação privilegiados, é muito intensamente devida a um condicionamento histórico que nos levou à crença de que as únicas formas de conhecimento de saber e de interpretação do mundo são aquelas veiculadas pela língua, na sua manifestação como linguagem verbal oral ou escrita. O saber analítico, que essa linguagem permite, conduziu à legitimação consensual e institucional de que esse é o saber de primeira ordem, em detrimento e relegando para uma segunda ordem todos os outros saberes, mais sensíveis, que as outras linguagens, as não verbais, possibilitam.

No entanto, em todos os tempos, grupos humanos constituídos sempre recorreram a modos de expressão, de manifestação de sentido e de comunicação sociais outros e diversos da linguagem verbal, desde os desenhos nas grutas de Lascaux os rituais de tribos "primitivas", danças, músicas, cerimoniais e jogos, até as produções de arquitetura e de objetos, além das formas de criação de linguagem que viemos a chamar de arte: desenhos, pinturas, esculturas, poética, cenografia etc. E, quando consideramos a linguagem verbal escrita, esta também não conheceu apenas o modo de codificação alfabética criado e estabelecido no Ocidente a partir dos gregos. Há outras formas de codificação escrita, diferentes da linguagem alfabeticamente articulada, tais como hieróglifos, pictogramas, ideogramas, formas estas que se limitam com o desenho.

Em síntese: existe uma linguagem verbal, linguagem de sons que veiculam conceitos e que se articulam no aparelho fonador, sons estes que, no Ocidente, receberam uma tradução visual alfabética (linguagem escrita), mas existe simultaneamente uma enorme variedade de outras linguagens que também se constituem em sistemas sociais e históricos de representação do mundo.

Portanto, quando dizemos linguagem, queremos nos referir a uma gama incrivelmente intrincada de formas sociais de comunicação e de significação que inclui a linguagem verbal articulada, mas absorve também, inclusive, a linguagem dos surdos-mudos, o sistema codificado da moda, da culinária e tantos outros. Enfim: todos os sistemas de produção de sentido aos quais o desenvolvimento dos meios de reprodução de linguagem propiciam hoje uma enorme difusão.

Após o século XX (pós-revolução industrial), as invenções de máquinas capazes de produzir, armazenar e difundir linguagens (a fotografia, o cinema, os meios de impressão gráfica, o rádio, a TV, as fitas magnéticas etc.) povoaram nosso cotidiano com mensagens e informações que nos espreitam e nos esperam. Para termos uma ideia das transmutações que estão se operando no mundo da linguagem, basta lembrar que, ao simples apertar de botões, imagens, sons, palavras (a novela das 8, um jogo de futebol, um debate político...) invadem nossa casa e a ela chegam mais ou menos do mesmo modo que chegam a água, o gás ou a luz.

É claro que no sistema social em que vivemos estamos fadados a apenas receber linguagens que não ajudamos a produzir, somos bombardeados por mensagens que servem à inculcação de valores que se prestam ao jogo de interesses dos proprietários dos meios de produção de linguagem e não aos usuários. Contudo, a discussão dessas contradições seria assunto para outro livro que, aliás, já consta desta coleção Primeiros Passos (cf. *O que é indústria cultural*).

Assim, que passemos aqui para a observação mais cuidadosa da extensão que um conceito lato de linguagem pode cobrir. Considerando-se que todo fenômeno de cultura só funciona culturalmente porque é também um fenômeno de comunicação, e considerando-se que estes só comunicam porque se estruturam como linguagem, pode-se concluir que todo e qualquer fato cultural, toda e qualquer atividade ou prática social constituem-se como práticas significantes, isto é, práticas de produção de linguagem e de sentido.

Iremos, contudo, mais além: de todas as aparências sensíveis, o homem — na sua inquieta indagação para a compreensão dos fenômenos — desvela significações. É no homem e pelo homem que se opera o processo de alteração dos sinais (qualquer estímulo emitido pelos objetos do mundo) em signos ou linguagens (produtos da consciência). Nessa medida, o termo linguagem se estende aos sistemas aparentemente mais inumanos como as linguagens binárias de que as máquinas se utilizam para se comunicar entre si e com o homem (a linguagem do computador, por exemplo), até tudo aquilo que, na natureza, fala ao homem e é sentido como linguagem. Haverá, assim, a linguagem das flores, dos ventos, dos ruídos, dos sinais de energia vital emitidos pelo corpo e, até mesmo, a linguagem do silêncio. Isso tudo, sem falar do sonho que, desde Freud, já sabemos que também se estrutura como linguagem.

Até onde vai a Semiótica

Aqui tocamos um ponto que nos permite retomar a questão de onde partimos. As linguagens estão no mundo e nós estamos na linguagem. A Semiótica é a ciência que tem por objeto de investigação todas as linguagens possíveis, ou seja, que tem por objetivo o exame dos modos de constituição de todo e qualquer fenômeno como fenômeno de produção de significação e de sentido.

Seu campo de indagação é tão vasto que chega a cobrir o que chamamos de vida, visto que, desde a descoberta da estrutura química do código genético, nos anos 1950, aquilo que chamamos de vida não é senão uma espécie de linguagem, isto é, a própria noção de vida depende da existência de informação no sistema biológico. Sem informação não há mensagem, não há planejamento, não há reprodução, não há processo e mecanismo de controle e comando. No caso da vida, estes são necessariamente ligados a uma linguagem, a uma ordenação obtida a partir de um compartimento armazenador da informação como a DNA (substância universal portadora do código genético). Portanto, os dois ingredientes fundamentais da vida são: *energia* (que torna possíveis os processos dinâmicos) e *informação* (que comanda, controla, coordena, reproduz e, eventualmente, modifica e adapta o uso da energia). Sem a linguagem seria impossível a vida, pelo menos como a conceituamos agora: algo que se reproduz, que tem um comportamento esperado e certas propensões.

Nessa medida, não apenas a vida é uma espécie de linguagem, mas também todos os sistemas e formas de linguagem tendem a se comportar como sistemas vivos, ou seja, eles reproduzem, se readaptam, se transformam e se regeneram como as coisas vivas.

Caracterizado o campo de abrangência da Semiótica, podemos repetir que ele é vasto, mas não indefinido. O que se busca descrever e analisar nos fenômenos é sua constituição como linguagem. Neste sentido, embora a Semiótica se constitua num campo intrincado e heteróclito de estudos e indagações que vão desde a culinária até a psicanálise, que se intrometem não só na meteorologia como também na anatomia, que dão palpites tanto ao cientista político quanto ao músico, que imprevistamente invadem territórios que se querem bem protegidos pelas bem demarcadas fronteiras entre as ciências, isso não significa que a Semiótica esteja sorrateiramente chegando para roubar ou pilhar o campo do saber e da investigação específica de outras ciências. Nos fenômenos, sejam eles quais forem — uma nesga de luz ou um teorema matemático, um lamento de dor ou uma ideia abstrata da ciência —, a Semiótica busca divisar e deslindar seu ser de linguagem, isto é, sua ação de signo. Tão só e apenas. E isso já é muito.

O LEGADO DE C. S. PEIRCE

A Semiótica, a mais jovem ciência a despontar no horizonte das chamadas ciências humanas, teve um peculiar nascimento, assim como apresenta, na atual fase do seu desenvolvimento histórico, uma aparência não menos singular. A primeira peculiaridade reside no fato de ter tido, na realidade, três origens ou sementes lançadas quase simultaneamente no tempo, mas distintas no espaço e na paternidade: uma nos Estados Unidos, outra na antiga União Soviética e a terceira na Europa Ocidental.

Esse surgimento em lugares diferentes, mas temporalmente quase sincronizados, só vem confirmar uma hipótese de que os fatos concretos — isto é, a proliferação histórica crescente das linguagens e códigos, dos meios de reprodução e difusão de informações e mensagens, proliferação esta que se iniciou a partir da Revolução Industrial — vieram gradativamente inseminando e fazendo emergir uma "consciência semiótica".

Não foi, senão, essa consciência de linguagem em sentido amplo que gerou a necessidade do aparecimento de uma ciência, capaz de criar dispositivos de indagação e instrumentos metodológicos aptos a desvendar o universo multiforme e diversificado dos fenômenos de linguagem.

São três, conforme já disse, as fontes nas quais a ciência Semiótica encontrou seu nascimento e pelas quais veio teoricamente se desenvolvendo. Dedicarei, no entanto, a quase totalidade deste livro a uma dessas fontes, a norte-americana, que germinou nos trabalhos do cientista-lógico-filósofo Charles Sanders Peirce. No último capítulo contudo, o leitor encontrará um panorama geral das outras duas fontes, de modo que possa tomar conhecimento de um quadro mais complexo dos caminhos da Semiótica.

Um Leonardo das ciências modernas

C. S. Peirce (1839-1914) era, antes de tudo, um cientista. Seu pai (Benjamim Peirce) foi, na época, o mais importante matemático de Harvard, sendo sua casa uma espécie de centro de reuniões para onde, naturalmente, convergiam os mais renomados artistas e cientistas. Portanto, desde criança, o pequeno Charles já conduzia sua existência num ambiente de acentuada respiração intelectual. É por isso que químico ele já era, desde os seis anos de idade. Aos 11 anos escreveu uma História da Química; e em Química se bacharelou na Universidade de Harvard.

Mas Peirce era também matemático, físico, astrônomo, além de ter realizado contribuições importantes no campo da Geodésia, Metrologia Espectroscopia. Era ainda um estudioso dos mais sérios tanto da Biologia quanto da Geologia, assim como fez, quando jovem, estudos intensivos de classificação zoológica sob a direção de Agassiz.

Em nenhum momento de sua vida, contudo, Peirce se confinou estritamente às ciências exatas e naturais. No campo das ciências culturais, ele se devotou particularmente à Linguística, Filologia e História. Isso sem mencionarmos suas enormes contribuições à Psicologia que fizeram dele o primeiro psicólogo experimental dos Estados Unidos.

Como se isso não bastasse, conhecia ainda mais de uma dezena de línguas, além de ter realizado estudos em Arquitetura e cultivado a amizade de pintores. Conhecedor profundo de Literatura (especialmente Shakespeare e Edgar Allan Poe), fez elaborados estudos de dicção poética e chegou a escrever um longo conto (*A Tale of Thessaly*) para o qual não encontrou editor. Mais para o fim de sua vida, estava escrevendo uma peça de teatro. Praticava ainda a "arte quirográfica", além de ser um grande experimentador de vinhos, tendo desenvolvido essa aprendizagem numa estada de seis meses em Voisin.

Como explicar essa quase assombrosa diversidade de campos e interesses?

Repetimos: Peirce era, antes de tudo, um cientista. E como cientista sobreviveu, trabalhando para o governo federal a serviço da "Costa e Inspeção Geodésica", durante o dia, de 1861 a 1891, e simultaneamente, por algum tempo, no Observatório de Harvard College, durante a noite; trabalhos que aparentemente o afastaram da Química para pesquisas em Astronomia e ciências correlatas. No entanto, ao se aposentar, aos 52 anos de idade, Peirce tentou se estabelecer como engenheiro químico, numa atividade que hoje chamaríamos de *free-lancer*.

Um cientista, portanto, ele jamais deixou de ser, tendo produzido contribuições importantes e originais na Matemática e outras ciências até poucos dias antes de sua morte, em 1914. No entanto, por trás de tudo isso, existia um fio condutor: sendo um cientista, Peirce era, acima de tudo, um lógico. Essa foi a grande e irresistível paixão de toda a sua vida.

A quase inacreditável diversidade de campos a que se dedicou pode ser explicada, portanto, devido ao fato de que se devotar ao estudo das mais diversas ciências exatas ou naturais, físicas ou psíquicas, era para ele um modo de se dedicar à Lógica. Seu interesse em Lógica era, primariamente, um interesse na Lógica das ciências. Ora, entender a Lógica das ciências era, em primeiro lugar, entender seus métodos de raciocínio. Os métodos diferem muito de uma ciência a outra e, de tempos em tempos, dentro de uma mesma ciência. Os pontos em comum entre esses métodos só podem ser estabelecidos, desse modo, por um estudioso que conheça as diferenças, e que as conheça por meio da prática das diferentes ciências.

Essa gigantesca empresa foi o que Peirce tomou para si, durante toda a sua vida. E, pela enormidade dessa empresa, pagou o preço da solidão, da miséria e de uma existência sem qualquer tipo de glória. Durante sessenta anos de sua vida, lutou pela consideração da Lógica como uma ciência. Mas o dia da Lógica não havia ainda soado...

Peirce estava perfeitamente consciente (e isso ele declarou muitas vezes) de que a deliberada diversificação de seu trabalho em múltiplas ciências impediria que ele atingisse a eminência que ele deveria ter atingido, se tivesse concentrado seus esforços em apenas uma delas, ou mesmo em algumas ciências proximamente relacionadas. No entanto, para ele a Lógica não era uma opção, mas uma paixão da qual não podia se desviar, mesmo que quisesse.

É por isso que as poucas e temporárias vezes que penetrou, como professor convidado, os umbrais da universidade do seu tempo, foram para ministrar palestras sobre Lógica. É por isso que, ao ser nomeado membro da Academia Americana de Ciência e Artes, em 1867, ele não apresentou senão cinco estudos, todos sobre Lógica. E, em 1877, ao ser nomeado membro da Academia Nacional de Ciências (depois de ter sido indicado por cinco anos consecutivos), ele assim o foi, apesar de ter enviado apenas quatro estudos sobre Lógica, pelos quais queria ser julgado um homem da ciência ou não. Ao responder à Academia pela honra concedida, Peirce expressou sua satisfação pelo reconhecimento implícito da Lógica como ciência.

Mesmo assim, foi apenas na edição de 1910 em *Quem é quem na América* que compareceu, pela primeira vez, uma referência à profissão de Peirce como aquela de um lógico. Mas foi só depois de sua morte que ele passou a ser considerado um filósofo. E aqui começa uma outra estória.

Um só homem dialogando com 25 séculos de filosofia ocidental

Todo o tempo em que Peirce foi um cientista, ele foi também um filósofo. Aos 16 anos de idade, começou a estudar Kant e, alguns anos mais tarde, sabia a *Crítica da Razão Pura* de cor. Não há qualquer campo da especulação filosófica que lhe tenha passado despercebido: dos pré-socráticos e gregos aos empiristas ingleses, dos escolásticos a Descartes e todos os alemães.

Desde muito cedo, quando ele começou na Filosofia, pretendeu trazer para esta uma aproximação alternativa que tinha, até então, poucos representantes, isto é, a aproximação ao pensamento filosófico por meio das ciências. Um filósofo, portanto, que levou para a Filosofia o espírito da investigação científica, assumiu que as disciplinas filosóficas são ou podem se tornar também ciências e que, para tal, propôs aplicar na Filosofia, com as modificações necessárias, os métodos de observação, hipóteses e experimentos que são praticados nas ciências.

Não é difícil se perceber, a partir disso, o vínculo que se estabeleceu, no seu pensamento, entre a Lógica e a Filosofia. Para ele; o caminho para a Filosofia tinha de se dar por meio da Lógica, mais particularmente, por meio da Lógica da ciência. Esse caminho, por seu turno, se bifurcava: de um lado, por meio da prática das diversas ciências, de outro, por meio da História da ciência.

Conclusão: se, até quase o final de sua vida, Peirce não conseguiu ser reconhecido como lógico, não é de se estranhar que, por meio do caminho pelo qual optou pela Filosofia, tenha atravessado sua existência inteira, sem jamais ser reconhecido como filósofo. Não é de se estranhar, ainda, por que nenhuma Universidade americana soube lhe dar um emprego como professor: nem como cientista, nem como lógico, nem como filósofo. Peirce chegou cedo demais para o seu próprio tempo.

Conforme uma afirmação de Max H. Fisch (filósofo norte-americano, venerável figura humana que tem dedicado praticamente quase cinquenta anos de sua existência à recuperação da obra de Peirce e a cujos artigos devo grande parte das informações biográficas que ora exponho), "Peirce era uma espécie de filósofo que era, em primeiro lugar um cientista, e uma espécie de cientista que era, em primeiro lugar, um lógico da ciência. Nenhuma

Universidade, grande ou pequena: do seu tempo, soube o que fazer com tal filósofo ou com tal cientista".

Mas aqui chegamos a ponto de cercar uma outra questão: o que tem a Semiótica a ver com tudo isso?

A resposta, pelo menos em princípio, é simples: desde o começo do despertar do seu interesse pela Lógica, Peirce a concebeu como nascendo, na sua completude, dentro do campo de uma teoria geral dos signos ou Semiótica. Primeiramente, ele concebeu a lógica propriamente dita (aquilo que conhecemos como Lógica) sendo um ramo da Semiótica. Mais tarde, ele adotou uma concepção muito mais ampla da Lógica que era quase coextensiva a uma teoria geral de todos os tipos possíveis de signos. Na última década de sua vida, estava trabalhando num livro que se chamaria *Um Sistema de Lógica, considerada como Semiótica*.

Mas o caminho de Peirce para a Semiótica começou muito, muito cedo. Diz ele: "... desde o dia em que, na idade de 12 ou 13 anos, eu peguei, no quarto de meu irmão mais velho, uma cópia da Lógica de Whateley e perguntei ao meu irmão o que era Lógica, ao receber uma resposta simples, joguei-me no assoalho e me enterrei no livro. Desde então, nunca esteve em meus poderes estudar qualquer coisa — matemática, ética, metafísica, anatomia, termodinâmica, ótica, gravitação, astronomia, psicologia, fonética, economia, a história da ciência, jogo de cartas, homens e mulheres, vinho, metrologia, exceto como um estudo de Semiótica".

De tudo isso, cumpre, por enquanto, ser enfatizado que foi de dentro do diálogo de um só homem com 25 séculos de tradição filosófica ocidental, assim como foi de dentro de um gigantesco corpo teórico que veio gradativamente emergindo a sua teoria lógica, filosófica e científica da linguagem, isto é, a Semiótica. Aproximar-se, portanto, dessa Semiótica, ignorando suas fundações e seu caráter de diálogo com a tradição, é perder 99% de seu potencial instigador e enriquecedor para a história da Filosofia.

Trata-se da obra de um pensador solitário e incansável, figura de uma rara e inimaginável envergadura científica, que passou praticamente os últimos trinta anos de sua vida estudando dezesseis horas por dia, e que deixou para a posteridade nada menos do que 80.000 manuscritos, além de 12.000 páginas publicadas em vida.

Considerando-se que, décadas depois de sua morte, apenas perto de 5.000 páginas (fragmentos mais ou menos arbitrariamente selecionados por entre essas 80.000) foram publicadas; que só recentemente, graças aos esforços de grupos de estudiosos norte-americanos, esses manuscritos foram catalogados; e só agora uma edição cronológica da produção de Peirce está sendo preparada para restaurar, senão a integralidade, pelo menos a integridade do seu pensamento, pode-se concluir que é com muito vagar que sua obra está sendo posta a público. Com igual vagar está sendo decifrada, devido ao seu alto teor de complexibilidade e originalidade.

Contudo, pelo que me foi dado conhecer por entre essas dezenas de milhares de páginas — inclusive consultando diretamente os arquivos de Peirce, nos Estados Unidos — posso afirmar que a Semiótica peirceana, longe de ser uma ciência a mais, é, na realidade, uma Filosofia científica da linguagem, sustentada em bases inovadoras que revolucionam, nos alicerces, 25 séculos de Filosofia ocidental. Afirmei isso, com alguma timidez, alguns anos atrás. Cada vez mais, no entanto, sou levada a confirmá-lo com menos hesitação. Evidentemente, neste pequeno volume, não poderei senão insinuar certas pistas e aclarar alguns conceitos de sua teoria. Faço questão dessas afirmações, no entanto, para que elas aqui compareçam como uma espécie de sinal de alerta.

Resta, entretanto, tocar uma outra questão. Não há dúvida de que a tarefa, que assumi levar à frente neste livro, pode parecer ousada: traduzir para um nível de compreensão bem simples a visão geral de um pensamento e uma teoria que pulsam em complexibilidades e desbordam de muito o campo mais estrito de minha própria capacidade. No entanto, assumo os riscos de minhas possíveis e prováveis lacunas. Se a amplidão de horizontes da Semiótica de Peirce veio muito cedo para o seu próprio tempo, que, pelo menos, não venha tarde demais para o nosso próprio tempo. E isso defendo porque, tanto quanto posso ver, toda grande descoberta científica, assim como toda grande obra de criação, não deveria, de direito, pertencer a um grupo, uma classe ou mesmo uma nação, mas ao acervo da espécie humana.

PARA SE LER O MUNDO COMO LINGUAGEM

Embora Peirce considerasse toda e qualquer produção, realização e expressão humana sendo uma questão semiótica, isso não significa que a ciência semiótica tenha sido por ele concebida como uma ciência onipotente, ou toda suficiente, visto que, para ele, qualquer todo suficiente é necessariamente insuficiente.

Nessa medida, dentro do conjunto do seu sistema filosófico, a Semiótica é apenas uma parte e, como tal, só se torna explicável e definível em função desse conjunto. Além disso, o próprio sistema filosófico por ele criado localiza-se como parte de um sistema ainda maior, tal como aparece na sua gigantesca arquitetura classificatória das diferentes ciências e das relações que elas mantêm entre si.

Assim sendo. Há que se considerar primeiramente três tipos de ciência: 1) ciências da descoberta, 2) ciências da digestão (as que digerem e divulgam essas descobertas, criando a partir delas uma nova filosofia da ciência) e 3) ciências aplicadas. As ciências da descoberta são: Matemática, Filosofia e Ideoscopia ou ciências especiais. Essa última divide-se em dois ramos: ciências físicas e ciências psíquicas. Entretanto, esse termo "psíquico" tem, na acepção peirceana, um caráter tão vasto que, para evitarmos maiores equívocos, melhor seria tomá-lo aqui como sinônimo de ciências humanas.

Na sua classificação, os dois ramos científicos (físicos e psíquicos) vão se desmembrando, então, em uma enorme quantidade de ciências, desde as ciências mais gerais às classificatórias, passando pelas descritivas até chegar às ciências aplicadas.

Evidentemente, não vem ao caso entrarmos aqui nos meandros dessas divisões. Cumpre, apenas, localizarmos o lugar do seu sistema filosófico nessa arquitetura maior e, dentro do seu sistema, o lugar ocupado pela Semiótica.

Sua construção filosófica, concebida como ciência e sob o caráter das ciências da descoberta, localiza-se entre a Matemática e a Ideoscopia. Apesar de serem essas três as mais abstratas de todas as ciências, um nível de generalidade tal que as torne capazes de fornecer princípios para as ciências mais particulares, tratam-se, no entanto, todas elas, inclusive a Matemática, de ciências da observação.

A Matemática é observativa na medida em que monta construções na imaginação de acordo com preceitos abstratos, passando, então, a observar esses objetos imaginários para neles encontrar relações entre partes que não estavam especificadas no preceito da construção. No entanto, a Matemática estuda o que é e o que não é logicamente possível, sem se fazer responsável pela existência atual desse possível. Nesse sentido, é a ciência que fornece subsídios e encontra aplicação em todas as outras ciências, inclusive a Fenomenologia e a Lógica.

A Filosofia, por seu turno, é também uma ciência positiva, não no sentido que comumente damos ao positivismo, visto que segundo Peirce os positivistas são os metafísicos modernos, mas no sentido de se descobrir o que é realmente verdadeiro. Ela se limita, porém, ao tanto de verdade que pode ser inferido da experiência comum. É uma ciência fundamentalmente observativa pois que visa colocar em ordem aquelas observações que estão ao aberto para todo homem, todo dia e hora.

A diferença dessas duas primeiras ciências (Matemática e Filosofia) em relação às ciências especiais reside no fato de que essas últimas requerem instrumentos e métodos especiais para que suas observações sejam levadas a efeito. Os métodos de investigação de que elas se utilizam, queiram ou não, são sempre importados de princípios matemáticos e filosóficos, especialmente dos lógicos.

O universo está em expansão

Alertamos neste momento para uma questão. Peirce era um evolucionista de tipo muito especial, nem mecanicista tal como Spencer, nem estritamente materialista, pois, para ele, "materialismo sem idealismo é cego: idealismo sem materialismo é vazio". Isso não significa que professasse, por outro lado, um evolucionismo idealista. Ele próprio se autodenominou idealista objetivo.

O que Peirce na realidade postulava, como base do seu pensamento, era a teoria do crescimento contínuo no universo e na mente humana. "O universo está em expansão", dizia ele, "onde mais poderia ele crescer senão na cabeça dos homens?". Esse crescimento contínuo se alicerça, contudo, em bases lógicas radicalmente dialéticas, visto que o pensamento humano gera produtos concretos capazes de afetar e transformar materialmente o universo, ao mesmo tempo que são por ele afetados.

Segundo Peirce, não sendo nem as leis da natureza absolutas, mas evolutivas, daí o caráter estatístico dessas leis os princípios científicos, por seu turno, não chegam a ser senão fórmulas rigorosas, mas sempre provisórias, no sentido de estarem sujeitas a mudanças contínuas.

Não há, portanto, princípios absolutos, nem na Matemática. Cada investigador individual, por mais sistemático e rigoroso que possa ser seu pensamento, é essencialmente falível. Daí Peirce ter batizado sua teoria de *Falibilismo*. Isso nos dá uma ideia de sua concepção da ciência e Filosofia como processos que amadurecem gradualmente, produtos da mente coletiva que obedecem a leis de desenvolvimento interno ao mesmo tempo em que respondem a eventos externos (novas ideias, novas experiências, novas observações), e que dependem, inclusive, do modo de vida, lugar e tempo nos quais o investigador vive.

O próprio sistema peirceano assim cresceu. Todo o passado filosófico e científico era por ele tomado como imprescindível material de trabalho. Sua arquitetura teórica não foi, desse modo, construída *a priori*, mas só chegou a ser divisada depois de mais de trinta anos de infatigáveis investigações.

Ouçamos Peirce: "O desenvolvimento das minhas ideias tem sido a indústria de trinta anos. Eu não sabia se um dia chegaria a publicá-las. Seu amadurecimento parecia tão vagaroso. Mas o tempo da colheita chegou, afinal. Em meio a um contrito falibilismo, combinado com uma elevada fé na realidade do conhecimento e um intenso desejo de descobrir as coisas, é que toda a minha filosofia parece ter crescido".

Isso foi pronunciado aos 58 anos de idade, momento em que Peirce se deu conta da importância de algumas de suas descobertas para a história da filosofia. Só então seus extensos trabalhos sobre lógica, matemática, teoria do conhecimento, pragmatismo, doutrina dos signos, metafísica científica etc., apareceram a ele como constitutivos da construção de um sistema consistente e coerente. Só então passou a estruturar sua classificação das ciências na qual seu sistema se encaixa.

Mas também, foi apenas a partir da localização da Semiótica, no conjunto do seu próprio sistema, isto é, a partir da posição de dependência que esta mantém em relação às ciências que devem necessariamente antecedê-la, que Peirce passou a por em ordem suas formulações anteriores e a dar prosseguimento a sua doutrina formal de todos os tipos possíveis de signos, ou seja, a Lógica ou Semiótica.

Uma arquitetura filosófica

Vejamos, primeiramente, num gráfico a configuração de edifício filosófico peirceano:

I - Fenomenologia

II - Ciências Normáticas
- 1 - Estética
- 2 - Ética
- 3 - Semiótica ou Lógica
  - 3.1 - Gramática pura
  - 3.2 - Lógica Crítica
  - 3.3 - Retórica pura

III - Metafísica

Embora o termo fenomenologia ou *phaneroscopia*, conforme Peirce preferia chamar, só tenha sido por ele empregado por volta de 1902, quando da construção arquitetônica de seu sistema, a preocupação fenomenológica constitui-se na base fundamental de toda sua filosofia, e já comparecia como investigação primordial desde seus escritos em 1867.

Para ele, a primeira instância de um trabalho filosófico é a fenomenológica. A tarefa precípua de um filósofo é a de criar a Doutrina das Categorias, que tem por função realizar a mais radical análise de todas as experiências possíveis.

Insatisfeito com as categorias aristotélicas, consideradas como categorias mais linguísticas do que lógicas, profundamente influenciado por Kant, mas considerando suas categorias, extraídas da análise lógica da proposição, como materiais e particulares e não formais e universais, Peirce dedicou grande parte de sua existência à elaboração, aperfeiçoamento e ampliação do campo de aplicação das suas categorias universais, categorias estas que não brotaram nem de pressupostos lógicos, nem da língua, mas do exame atento e perscrutante da "experiência" ela mesma.

Com Hegel, Peirce manteve relações contraditórias. Desprezava seu idealismo absoluto ao mesmo tempo que o considerava "o mais grandioso dentre todos os filósofos que já existiram". Via as categorias hegelianas como puramente materiais e também particulares, mas enxergava, nos três estágios do pensamento formulados por Hegel, profundas semelhanças com suas categorias fenomenológicas universais.

Isso não pode nos levar a apressadamente afirmar, contudo, que o pensamento peirceano tenha qualquer débito para com Hegel. É Peirce quem diz: "Embora meu método apresente uma similaridade muito geral com o de Hegel, seria historicamente falso considerá-lo uma modificação do método hegeliano. Ele veio à luz por meio do estudo das categorias kantianas e não das hegelianas".

Foi só depois de ter elaborado sua própria doutrina das categorias é que Peirce veio a se dar conta de suas semelhanças genéticas com os estágios hegelianos, o que, para ele, só servia como mais uma comprovação de que suas categorias estavam no caminho certo.

Delineados esses pressupostos, voltemos à sua arquitetura filosófica. A Fenomenologia, como base fundamental para qualquer ciência, meramente observa os fenômenos e, através da análise, postula as formas ou propriedades universais desses fenômenos. Devem nascer daí as categorias universais de toda e qualquer experiência e pensamento. Numa recusa cabal a qualquer julgamento avaliativo *a priori*, a Fenomenologia é totalmente independente das ciências normativas.

É, porém, sob a base da Fenomenologia que as ciências normativas se desenvolvem obedecendo à sequência seguinte: Estética, Ética e Semiótica ou Lógica. Tendo todas elas por função "distinguir o que deve e o que não deve ser", a Estética se define como ciência daquilo que é objetivamente admirável sem qualquer razão ulterior. É a base para a Ética ou ciência da ação ou conduta que da Estética recebe seus primeiros princípios. Sob ambas, e delas extraindo seus princípios, estrutura-se em três ramos a ciência Semiótica, teoria dos signos e do pensamento deliberado. Por fim, como última ciência desse edifício aparece a Metafísica ou ciência da realidade.

Definindo realidade ou real sendo precisamente aquilo que é de modo independente das nossas fantasias, pois que "vivemos num mundo de forças que atuam sobre nós, sendo essas forças, e não as transformações lógicas do nosso próprio pensamento, que determinam em que devemos, por fim, acreditar", fica claro por que a Metafísica comparece como resultante e não antecedente de toda sua filosofia.

A Semiótica ou Lógica, por outro lado, tem por função classificar e descrever todos os tipos de signos logicamente possíveis. Isso parece dotá-la de um caráter ascendente sobre todas as ciências especiais, dado que essas ciências são *linguagens*. Não era assim, contudo, que Peirce a concebia. Para ele, as ciências têm de ser deixadas a cargo de seus praticantes, o que o conduz, como lógico, apenas à elucidação dos métodos e tipos de pensamento utilizados pelas diversas ciências.

Como filósofo, no entanto, Peirce era muito mais ambicioso. Por meio de sua fenomenologia, pretendia gerar uma fundamentação conceitual para uma filosofia arquitetônica, baseada em uns poucos conceitos simples e suficientemente vastos a ponto de dar conta do "trabalho inteiro da razão humana". Esses conceitos, a partir dos 58 anos, Peirce estava certo de tê-los atingido com as suas categorias.

Nessa medida, sem uma inteligibilidade cuidadosa e acurada das categorias peirceanas, assim como de sua *phaneroscopia* (descrição dos *Phanerons* ou fenômenos), muito pouco pode toda sua teoria ser compreendida, principalmente a Semiótica, que da Fenomenologia extrai todos os seus princípios.

Aproximar-se, assim, da Semiótica peirceana na ignorância ou desprezo por essa viagem fenomenológica (longa viagem que exige de nós a paixão paciente pela decifração dos conceitos) redundará, sem escapatória, numa utilização anêmica e tecnicista de suas classificações e definições de signos. Não por acaso estou aqui pondo tanta ênfase nas fundações fenomenológicas da Semiótica, único meio de se evitar o uso leviano e mecanicista de seus conceitos. Peirce era adepto da criação de novas palavras para designar significados científicos novos. Sua terminologia é, nessa medida, estranhíssima. Contudo, mais estranha, porque vazia, é a apropriação meramente terminológica e redutora dos seus conceitos semióticos, sem o lento escrutínio de seus meandros.

Por outro lado, só a partir da Fenomenologia é que se pode extrair a possibilidade por nós enunciada no título deste capítulo (*Para se ler o mundo como linguagem*), que não se constitui em mera frase de efeito, mas num fruto efetivo que o estudo fenomenológico está habilitado a nos oferecer.

Que passemos, pois, a ele. Sem qualquer pretensão, contudo, de podermos aqui explorar com detalhes um campo que se desenvolveu por muito mais de mil e uma páginas dos escritos de Peirce. Dar que nossa opção seja, a par da transmissão de alguns conceitos certos fundamentais, também aquela de distribuir certos semáforos no caminho dos que, no futuro se dispuserem a percorrer com mais vagar as veredas da Fenomenologia e Semiótica peirceanas.

ABRIR AS JANELAS: OLHAR PARA O MUNDO
IV

Não há nada, para nós, mais aberto à observação do que os fenômenos.

Entendendo-se por fenômeno qualquer coisa que esteja de algum modo e em qualquer sentido presente à mente, isto é, qualquer coisa que apareça, seja ela externa (uma batida na porta, um raio de luz, um cheiro de jasmim), seja ela interna ou visceral (uma dor no estômago, uma lembrança ou reminiscência, uma expectativa ou desejo), quer pertença a um sonho, ou uma ideia geral e abstrata da ciência, a fenomenologia seria, segundo Peirce a descrição e análise das experiências que estão em aberto para todo homem, cada dia e hora, em cada canto e esquina de nosso cotidiano.

A fenomenologia peirceana começa, pois, no aberto, sem qualquer julgamento de qualquer espécie: a partir da experiência ela mesma livre dos pressupostos que, de antemão, dividiriam os fenômenos em falsos ou verdadeiros, reais ou ilusórios, certos ou errados. Ao contrário, fenômeno é tudo aquilo que aparece à mente, corresponda a algo real ou não.

Suportada por esse modo de partir em estado de liberdade, a fenomenologia tem por tarefa, contudo, dar à luz as categorias mais gerais, simples, elementares e universais de todo e qualquer fenômeno, isto é, levantar os elementos ou características que pertencem a todos os fenômenos e participam de todas as experiências.

A tarefa não é fácil. As coisas, quando nos aparecem, surgem numa miríade de formas, enoveladas numa multiplicação de sensações, além de que tendem a se enredar às malhas das interpretações que inevitavelmente fazemos das coisas.

Dizia Peirce: "A fenomenologia ou doutrina das categorias tem por função desenredar a emaranhada meada daquilo que, em qualquer sentido, aparece, ou seja, fazer a análise de todas as experiências é a primeira tarefa a que a filosofia tem de se submeter. Ela é a mais difícil de suas tarefas, exigindo poderes de pensamento muito peculiares, a habilidade de agarrar nuvens, vastas e intangíveis, organizá-las em disposição ordenada, recolocá-las em processo".

Trata-se, portanto, de um estudo que, suportado pela observação direta dos fenômenos, discrimina diferenças nesses fenômenos e generaliza essas observações a ponto de ser capaz de sinalizar algumas classes de caracteres muito vastas, as mais universais presentes em todas as coisas que a nós se apresentam.

Nessa medida, são três as faculdades que devemos desenvolver para essa tarefa: 1) a capacidade contemplativa, isto é, abrir as janelas do espírito e ver o que está diante dos olhos; 2) saber distinguir, discriminar resolutamente diferenças nessas observações; 3) ser capaz de generalizar as observações em classes ou categorias abrangentes.

A princípio, Peirce tentou estabelecer suas categorias a partir da análise material dos fenômenos (por exemplo: como coisas de madeira, de aço, de carne e osso etc.), mas a diversidade infinita da material idade das coisas fê-lo abandonar esse ângulo de sua empresa, empreendendo seu caminho pelo lado formal ou estrutural dos fenômenos.

O que quer isso dizer? Apesar de apresentar uma atitude de retorno à experiência mesma que temos do mundo, apesar de partir da observação acurada dos próprios fenômenos, Peirce chega às suas categorias por meio da análise e do atento exame do modo como as coisas aparecem à consciência. Que razão pode haver para que um cientista, treinado em laboratório, cuja aptidão para as ciências positivas era de um raro teor, devesse começar pela análise dos fenômenos mentais?

Foi só por meio da observação direta dos fenômenos, nos modos como eles se apresentam à mente, que as categorias universais, como elementos formais do pensamento, puderam ser divisadas. Pela acurada e microscópica observação de tudo o que aparece, Peirce extrai os caracteres elementares e gerais da experiência que tornam a experiência possível. Desse modo, sua pequena lista de categorias consiste de concepções simples e universais. Elementares porque são constituintes de toda e qualquer experiência, universais porque são necessárias a todo e qualquer entendimento que possamos ter das coisas, reais ou fictícias.

A 14 de maio de 1867, depois de três anos que, muito mais tarde, Peirce confessou, em várias cartas, terem sido os anos de maior esforço intelectual de toda sua vida, esforço mal interrompido nem sequer para o sono, vieram à luz, num artigo intitulado "Sobre uma nova lista de categorias", suas três categorias universais de toda experiência e todo pensamento.

Considerando experiência tudo aquilo que se força sobre nós, impondo-se ao nosso reconhecimento, e não confundindo pensamento com pensamento racional (deliberado e autocontrolado), pois este é apenas um dentre os casos possíveis de pensamento, Peirce conclui que tudo que aparece à consciência, assim o faz numa gradação de três propriedades que correspondem aos três elementos formais de toda e qualquer experiência.

Em 1867, essas categorias foram denominadas:

1) Qualidade, 2) Relação e 3) Representação. Algum tempo depois, o termo Relação foi substituído por Reação e o termo Representação recebeu a denominação mais ampla de Mediação. Mas, para fins científicos,

Peirce preferiu fixar-se na terminologia de Primeiridade, Secundidade e Terceiridade, por serem palavras inteiramente novas, livres de falsas associações a quaisquer termos já existentes.

Mais à frente, demonstraremos, por meio de várias exemplificações, o caráter e funcionamento dessas categorias na consciência. Antes, porém, que alertemos para alguns pontos que nos parecem importantes.

O resultado a que Peirce chegou nesse estudo de 1867 não foi imediatamente visto com bons olhos nem mesmo por seu próprio autor. Parecia-lhe fantasia absurda e detestável reduzir toda a multiplicidade e diversidade dos fenômenos ao número três e, sobretudo, a uma gradação de 1, 2, 3. Apesar dos três anos mal interrompidos para o sono que esse estudo havia lhe exigido, apesar de seu profundo conhecimento de grande parte da história da filosofia, apesar de saber a *Crítica da Razão Pura* de cor, nada naquele momento parecia demovê-lo do descrédito em que ele próprio havia colocado suas categorias.

Categorias do pensamento e da natureza

Dezoito anos mais tarde, Peirce escreveu um outro artigo, até hoje parcialmente inédito, com o seguinte título: "1, 2, 3, Categorias do Pensamento e da Natureza". Com isso, as categorias universais ou elementos do pensamento, dezoito anos antes descobertas pela análise lógica do fenômeno mental, eram agora estendidas para toda a natureza. Isso significa que aquelas mesmas categorias, por ele desmerecidas muitos anos antes, voltavam agora com maior vigor. Ou Peirce permaneceu fiel à sua obsessão ou sua obsessão lhe permaneceu fiel.

Entre 1867 e 1885, repetidamente Peirce encontrou, nas ciências da natureza e do pensamento, confirmações independentes que corroboravam suas três ideias. A tríade estava continuamente aparecendo na lógica e nas ciências especiais, primeiro na psicologia, então na fisiologia e na teoria das células, finalmente na evolução biológica e no cosmos físico como um todo.

Em 1890, Peirce escreveu: "A importância das categorias chegou à minha casa originalmente no estudo da lógica, onde elas são responsáveis por partes tão consideráveis que fui levado a procurá-las na psicologia. Encontrando-as aí, também, não pude evitar me perguntar se elas não entravam na fisiologia do sistema nervoso. Orientando-se um pouco sobre hipótese, consegui detectá-las lá... Não tive dificuldades em seguir o conduto dentro do domínio da seleção natural; e uma vez atravessado esse ponto, fui irresistivelmente carregado para especulações com respeito à física".

Em suma: a aplicação das categorias do pensamento à natureza não foi uma determinação imposta pela descoberta num campo que passou a ser arbitrariamente aplicada a todos os demais, nem ocorreu gradualmente por imperceptíveis mudanças de visão. Ao contrário, foi o resultado de uma série de saltos relacionados de um campo ao outro, culminando num salto especulativo de caráter cosmológico. No fim de sua vida, Peirce estava se movendo na direção de uma cosmologia evolucionista que tinha na mente sua categoria explanatória principal. Chegar a essa lúcida adivinhação cosmológica foi para Peirce, no entanto, uma longa viagem.

Sua precaução natural, reforçada pelo temperamento científico, levou-o a trabalhar trinta anos em busca de verificação empírica para suas categorias nos mais diversos campos. Nessa medida, seu conjunto de categorias extraídas da análise lógica do pensamento não deveriam, segundo ele, ser aplicadas a todos os seres, antes que cada categoria tivesse sido empiricamente verificada. Ou, conforme ele diz: "Na minha opinião, cada categoria tem de se justificar por meio de um exame indutivo do que resultará dotar a categoria apenas de uma validade aproximativa".

Só depois de ter comprovado a universalidade de aplicação das categorias, Peirce se julgou apto a erigir seu sistema filosófico, cuja base estaria num livro infelizmente inacabado *Uma adivinhação para o enigma* (1890), e cujo argumento se desenvolve por meio do exame das três categorias aplicadas de um campo a outro: da lógica à psicologia, desta à fisiologia até o protoplasma ele mesmo, então do domínio da seleção natural até a física.

Por curiosidade, passarei a sintetizar os diferentes caracteres ou matizes que suas categorias adquirem nos diferentes campos a que se aplicam:

1) *Na teoria do protoplasma*: as propriedades do protoplasma são como se segue: contração, irritabilidade,

automatismo, nutrição, metabolismo, respiração e reprodução. Essas propriedades, no entanto, podem ser condensadas sob três grandes eixos: sensibilidade, movimento e crescimento. Numa antevisão monumental das atuais teorias biológicas, sua teoria molecular do protoplasma repousa na afirmação de que a consciência pertence a todo protoplasma e não pode ser explicada mecanicamente. Com isso, Peirce afirma que a vida se desenvolve por meio da interação dialética entre acaso e desígnio, palavras dele que antecedem de quase um século o título do polêmico livro de Jacques Monod: *Acaso e necessidade*.

2) *Na teoria da evolução*: há três modos de evolução operativos de maneira interdependente no universo: 1) o que envolve acaso e pura espontaneidade, ligado à teoria darwiniana da evolução por variações acidentais e destruição das espécies cuja habilidade de se reproduzir torna-se frágil; 2) evolução ligada à teoria dos cataclismos, ou seja, devida a mudanças súbitas no ambiente externo e à ruptura de hábitos; 3) associada com a teoria de Lamarck, evolução por meio do efeito do hábito.

3) *Na fisiologia*: mais especialmente, na fisiologia da atividade cerebral. Esta pode ser sintetizada do seguinte

modo: a ação nervosa que subjaz ao processo do pensamento divide-se em três grandes estágios: 1) excitação nervosa, seja periférica ou visceral, que se espalha de gânglio a gânglio; 2) ação reflexa repetitiva ou descarga neuronal, adaptada para remover a excitação; 3) estabelecimento de passagens neuronais, ou a fixação de hábitos ou crenças. Note-se que hábitos ou crenças devem ser entendidos aqui como composições neuronais que tendem a se fixar, ou seja, entendidos num sentido fisiológico que certamente produz efeitos psicológicos e comportamentais. Para Peirce, uma crença se alicerça e se aloja fisiologicamente, como um hábito cerebral que determinará o que faremos na fantasia assim como na ação concreta.

Desse modo, nossos hábitos estão incorporados na fisiologia dos nossos cérebros de modo que eles estruturam nossos comportamentos de maneira a torná-los não mais espontâneos ou cegos. No entanto, a espontaneidade e o acidental coexistem junto ao hábito e à sua revelia.

4) *Na física*: 1) Acaso, 2) Lei e 3) Tendência ou propensão a assumir hábitos. Note-se que a primeira categoria incorpora a indeterminação do acaso no mundo físico e que, para Peirce, as leis são sempre contingentes, ou melhor,

fatos de observação e, como tal, contingentes, visto que toda observação contém um traço de inexatidão. Nessa medida, as leis da natureza não são vistas como absolutas e invariantes. Há espaço para o crescimento contínuo (3º) e para acaso genuíno (1º).

Como se pode ver, as categorias fundamentais, encontradas no pensamento e descobertas pela análise reflexiva dos fenômenos, estão também presentes na natureza básica de todas as coisas, sejam elas físicas ou psicológicas. Observe-se, contudo, que essas categorias são as mais universalmente presentes em todo e qualquer fenômeno. Como tal, são conceitos simples aplicáveis a qualquer objeto. Não excluem, portanto, a variabilidade infinita de outras tantas categorias particulares e materiais, passíveis de serem encontradas nos fenômenos.

Tratam-se, pois, de ideias tão amplas que devem ser consideradas mais como tons ou finos esqueletos do pensamento e das coisas do que como noções estáticas e terminais. Ao contrário, são dinâmicas, interdependentes e, a cada campo em que se aplicam, apresentam-se nas modalidades próprias daquele campo. O que se mantém em todos os campos é o substrato lógico dos caracteres de 1º, 2º e 3º.

Para se ter uma ideia da amplitude e abertura máxima dessas categorias, basta lembrarmos que, em nível mais geral, a 1ª corresponde ao acaso, originalidade irresponsável e livre, variação espontânea; a 2ª corresponde à ação e reação dos fatos concretos, existentes e reais, enquanto a 3ª categoria diz respeito à mediação ou processo, crescimento contínuo e devir sempre possível pela aquisição de novos hábitos. O 3º pressupõe o 2º e 1º; o 2º pressupõe o 1º; o 1º é livre. Qualquer relação superior a três é uma complexidade de tríades.

Como exemplificação mais detalhada dessas categorias, escolhemos o campo das manifestações psicológicas, isso porque, nesse campo, estaremos nos referindo aos elementos ou categorias de um fenômeno que é o mais perfeitamente familiar a todas as pessoas, visto que faz parte integrante de nossa vivência cotidiana, assim como das experiências que fazem de nós seres humanos, acordados ou sonhando.

Com isso, qualquer leitor estará apto a julgar e conferir por si mesmo, no cotejo com suas próprias observações, a validade dessas noções de 1º, 2º e 3º.

Notemos, contudo, o fato de que essas categorias não são psicológicas. Foram, ao contrário, extraídas da análise mais rigorosamente lógica do que aparece no mundo. Por outro lado, não estamos também aí lidando com metafísica, mas com lógica apenas. Ouçamos Peirce: "Não perguntamos o que realmente existe, apenas o que aparece a cada um de nós em todos os momentos de nossa vida. Analiso a experiência, que é a resultante de nossa vida passada, e nela encontro três elementos. Denomino-os categorias".

São, portanto, categorias lógicas que aqui aplicaremos ao campo das manifestações psicológicas não só porque, como tal, as categorias se nos apresentam como coisas vivas e vividas, mas também porque, a partir disso, tornar-se-á claro por que, para nós, o mundo aparece e se traduz como linguagem, fundamento de toda a Semiótica.

Qualidade de sentimento... conflito... interpretação

Exemplificar as categorias como manifestações psicológicas significa examinar os modos mais gerais conforme os quais se dão a apreensão dos fenômenos na consciência. Para tal, esclareçamos o que Peirce entende por consciência.

Consciência não se confunde com razão. Consciência é como um lago sem fundo no qual as ideias (partículas materiais da consciência) estão localizadas em diferentes profundidades e em permanente mobilidade. A razão (pensamento deliberado) é apenas a camada mais superficial da consciência. Aquela que está próxima da superfície. Sobre essa camada, porque superficial, podemos exercer autocontrole e também, porque superficial, é a ela que nossa autoconsciência está atada. Daí tendermos a confundir consciência com razão. No entanto, mesmo que a razão seja parte da consciência, ela não compõe, nem de longe, o todo da consciência.

Apesar de não restringir consciência à razão, isto não significa que Peirce menosprezasse a razão. Sua lógica, aliás, se propõe sendo um método científico para orientar o raciocínio. Sua lógica se estrutura, portanto, como a criação de instrumentos científicos para auxiliar e ampliar o poder da razão. Contudo, sua noção de consciência é ampla, dinâmica, em alguns aspectos próxima dos estudos da estrutura psíquica em Freud e mais próxima ainda da noção de consciência que as atuais pesquisas do cérebro estão nos dando.

Confiramos com Peirce: "Tal era o *dictum* da velha psicologia que identificava a consciência com o ego, declarava sua absoluta simplicidade e mantinha que suas faculdades eram meros nomes para divisões lógicas da atividade humana. Isso tudo era a mais pura fantasia. A observação dos fatos agora nos ensinou que o cego é uma mera onda na consciência, um traço pequeno e superficial; ensinou-nos ainda que a consciência pode conter diversas personalidades e é tão complexa quanto o cérebro ele mesmo, e que as faculdades, embora não absolutamente fixáveis e defíníveis, são tão reais quanto o são as diferentes circunvoluções do cérebro".

Ao levar o rigor científico ao máximo de suas possibilidades, Peirce acaba encontrando, pelas vias do Ocidente, uma concepção de consciência que se aproxima muito mais da filosofia oriental do que de qualquer um dos sistemas filosóficos que o mundo ocidental produziu. Desse modo, tomando-se consciência como um todo, nada há nela senão estados mutáveis. O que chamamos racionalidade sofre, a todo momento, a influência de interferências fora do nosso controle.

As interferências são internas, isto é, as que vêm das profundezas do nosso mundo interior, e externas, as que dizem respeito às forças objetivas que atuam sobre nós. Essas forças vão desde o nível das percepções que, pelo simples fato de estarmos vivos nos inundam a todo instante, até o nível das relações interpessoais, intersubjetivas, ou seja, as relações de amizade, vizinhança, amor, ódio etc., encontrando ainda as forças sociais que atuam sobre nós: as condições reais de nossa existência social, isto é, as relações formais de classes sociais que variam de acordo com as determinações históricas das sociedades em que se vive.

A partir disso, podemos nos aproximar de suas categorias que são, para ele, os três modos como os fenômenos aparecem à consciência. Contudo, que não se entenda essas categorias como entidades mentais, mas como modos de operação do pensamento signo que se processam na mente. Assim sendo, consciência não é tomada como uma espécie de alma ou espírito etéreo, mas como lugar onde interagem formas de pensamento. As categorias, portanto, dizem respeito às modalidades peculiares com que os pensamentos são enformados e entretecidos. Enfim: camadas interpenetráveis e, na maior parte das vezes, simultâneas, mas qualitativamente distintas.

Essas três categorias irão para o que poderíamos chamar três modalidades possíveis de apreensão de todo e qualquer fenômeno. Certamente há infinitas gradações entre essas modalidades. Elas se constituem, no entanto, nas modalidades mais universais e mais gerais, por meio das quais se opera a apreensão tradução dos fenômenos. Senão vejamos:

Primeiramente

Se fosse possível parar, para examinar, num determinado instante, de que consiste o todo de uma consciência, qualquer consciência, a minha ou a sua, isto é, de que consiste esse labiríntico "lago sem fundo", num instante qualquer em que é o que é, por que é tudo ao mesmo tempo, repito, se fosse possível parar essa consciência no instante presente, ela não seria senão presentidade como está presente. Trata-se, pois, de uma consciência imediata tal qual é. Nenhuma outra coisa senão pura qualidade de ser e de sentir. A qualidade da consciência imediata é uma impressão (sentimento) *in totum*, indivisível, não analisável, inocente e frágil.

Tudo que está imediatamente presente à consciência de alguém é tudo aquilo que está na sua mente no instante presente. Nossa vida inteira está no presente. Mas, quando perguntamos sobre o que está lá, nossa pergunta vem sempre muito tarde. O presente já se foi, e o que permanece dele já está grandemente transformado, visto que então nos encontramos em outro presente, e se pararmos, outra vez, para pensar nele, ele também já terá voado, evanescido e se transmutado num outro presente.

O sentimento como qualidade é, portanto, aquilo que dá sabor, tom, matiz à nossa consciência imediata, mas é também paradoxalmente justo aquilo que se oculta ao nosso pensamento, porque para pensar precisamos nos deslocar no tempo, deslocamento que nos coloca fora do sentimento mesmo que tentamos capturar. A qualidade da consciência, na sua imediaticidade, é tão tenra que não podemos sequer tocá-la sem estragá-la.

O que é semiótica 67

Por exemplo: aí está você, em algum lugar, provavelmente sentado, lendo este livro. Tome agora o que está em sua consciência em qualquer um dos seus simples momentos. Há primeiro uma consciência geral da vida. Então, há a reunião de pequenas sensações epidérmicas de sua roupa. Há, então, o senso da qualidade geral do lugar em que você está. Há também a consciência de estar só, se estiver só. Então, há a luz, uma sensação muito vaga do cheiro e da temperatura do ambiente e do seu corpo, um certo gosto na boca... Então, as letras impressas neste livro as quais, em qualquer um dos instantes, serão a mera apreensão de um simples traço. Há, ainda, um conjunto de noções, o provável sentimento de estar compreendendo o que estou tentando lhe transmitir. Em adição, há centenas de coisas no fundo de sua consciência: lembranças vagas, desejos indiscerníveis, sentimentos muito gerais de estar mais ou menos bem ou de estar mais ou menos mal. Sua vida inteira está aí com você em cada lapso de instante em que você está existindo.

Esse é o melhor modo em que posso descrever o que está em sua consciência num simples momento. Mas levei considerável tempo e usei muitas palavras para descrevê-lo. Impossível, pois, capturar o que está em sua mente tal como está, visto que tento capturar justamente a consciência *in totum* de uma presentidade. Pela natureza mesma do pensamento e da linguagem, sou obrigada a quebrar sua consciência em pedaços para descrevê-la. Isso requer reflexão e a reflexão ocupa tempo.

A consciência de um momento, contudo, como ela está naquele exato momento, não é reflexionada nem quebrada em pedaços. Como eles estão naquele vero momento, todos os elementos de impressão estão juntos e são um único sentimento indivisível e sem partes. O que foi destilado pela fragmentação descritiva, como partes do sentimento, não são realmente partes desse sentimento como ele está no exato momento em que está presente; elas são o que aparece como estando lá, quando refletimos sobre o sentimento, depois que ele passou. Como ele é sentido, no momento em que lá está, essas partes não são reconhecidas e, portanto, essas partes não existem no sentimento ele mesmo.

Nessa medida, o primeiro (primeiridade) é presente e imediato, de modo a não ser segundo para uma representação. Ele é fresco e novo, porque, se velho, já é um segundo em relação ao estado anterior. Ele é iniciante, original, espontâneo e livre, porque senão seria um segundo em relação a uma causa. Ele precede toda síntese e toda diferenciação; não tem nenhuma unidade nem partes. Ele não pode ser articuladamente pensado; afirme-o e ele já perdeu toda sua inocência característica, porque afirmações sempre implicam a negação de uma outra coisa. Pare para pensar nele e ele já voou.

O que é o mundo para uma criança em idade tenra, antes que ela tenha estabelecido quaisquer distinções, ou se tornado consciente de sua própria existência? Isso é primeiro, presente, imediato, fresco, novo, iniciante, original, espontâneo, livre, vívido e evanescente. Mas não se esqueça: qualquer descrição dele deve necessariamente falseá-lo.

Mas o que isso quer dizer? Que não existe para nós, adultos, senão a nostalgia de uma experiência de primeiridade? Estamos para sempre fadados à perda irrecuperável desse sabor do viver? Não, em termos. O fato de que essa experiência não possa ser descrita não significa, em primeiro lugar, que não possa ser indicada ou imaginativamente criada.

Em segundo lugar, e isto é o mais importante, de qualquer coisa que esteja na mente em qualquer momento, há necessariamente uma consciência imediata e consequentemente um sentimento. Qualidades de sentimento estão, a cada instante, lá, mesmo que imperceptíveis. Essas qualidades não são nem pensamentos articulados, nem sensações, mas partes constituintes da sensação e do pensamento, ou de qualquer coisa que esteja imediatamente presente em nossa consciência.

Há instantes fugazes, entretanto, e nossa vida está prenhe da possibilidade desses instantes, em que a qualidade de sentir assoma como um lampejo, e é como se nossa consciência e o universo inteiro não fossem, naquele lapso de instante, senão uma pura qualidade de sentir.

Embora qualidade de sentimento só possa se dar no instante mesmo de uma impressão não analisável e incapturável, ou seja, num simples átimo, esse momento de impressão, dependendo do estado em que a consciência se encontra, pode se prolongado.

Levantemos, por exemplo, algumas instâncias de qualidades de sentir ao imaginarmos um estado mental caracterizado por uma simples qualidade positiva: o sabor do vinho, a qualidade de sentir amor, perfume de rosas, uma dor de cabeça infinita que não nos permite pensar nada, sentir nada, a não ser a qualidade da dor. Um instante eterno, sem partes, indiscernível de prazer intenso ou a sutil qualidade de sentir quando vamos gentilmente acordando, dóceis, ao som de uma música.

Trata-se de estados de disponibilidade, percepção cândida, consciência esgarçada, desprendida e porosa, aberta ao mundo, sem lhe opor resistência, consciência passiva, sem eu, liberta dos policiamentos do autocontrole e de qualquer esforço de comparação, interpretação ou análise. Consciência assomada pela mera qualidade de um sentimento positivo, simples, intraduzível.

Note-se, contudo, que Peirce tem aí a precaução de não confundir a qualidade de sentimento de uma cor vermelha, por exemplo, de um som ou de um cheiro, com os próprios objetos percebidos como vermelhos, sonantes ou cheirosos. Consciência em primeiridade é qualidade de sentimento e, por isso mesmo, é primeira, ou seja, a primeira apreensão das coisas, que para nós aparecem, já é tradução, finíssima película de mediação entre nós e os fenômenos. Qualidade de sentir é o modo mais imediato, mas já imperceptivelmente medializado de nosso estar no mundo. Sentimento é, pois, um quase signo do mundo: nossa primeira forma rudimentar, vaga, imprecisa e indeterminada de predicação das coisas.

Esse estado quase, aquilo que é ainda possibilidade de ser, deslancha irremediavelmente para o que já é, e no seu ir sendo, já foi. Entramos no universo do segundo.

Secundidade

Há um mundo real, reativo, um mundo sensual, independente do pensamento e, no entanto, pensável, que se caracteriza pela secundidade. Essa é a categoria que a aspereza e o revirar da vida tornam mais familiarmente proeminente. É a arena da existência cotidiana. Estamos continuamente esbarrando em fatos que nos são externos, tropeçando em obstáculos, coisas reais, factivas que não cedem ao mero sabor de nossas fantasias. Enfim: "a pedra no meio do caminho" de que nos fala Carlos Drummond de Andrade.

O simples fato de estarmos vivos, existindo, significa, a todo momento, consciência reagindo em relação ao mundo. Existir é sentir a ação de fatos externos resistindo à nossa vontade. E por isso que, proverbialmente, os fatos são denominados brutos: fatos brutos e abruptos. Existir é estar numa relação, tomar um lugar na infinita miríade das determinações do universo, resistir e reagir, ocupar um tempo e espaço particulares, confrontar-se com outros corpos...

Certamente, onde quer que haja um fenômeno, há uma qualidade, isto é, sua primeiridade. Mas a qualidade é apenas uma parte do fenômeno, visto que, para existir, a qualidade tem de estar encarnada numa matéria. A factualidade do existir (secundidade) está nessa corporificação material.

A qualidade de sentimento não é sentida como resistindo num objeto material. É puro sentir, antes de ser percebido como existindo num eu. Por isso, meras qualidades não resistem. É a matéria que resiste. Por conseguinte, qualquer sensação já é secundidade: ação de um sentimento sobre nós e nossa reação específica, comoção do eu para com o estímulo.

Sentimento ou impressão indivisível e sem partes, qualidade simples e positiva, mero tom de consciência é primeiro. Não se confunde com sensação, pois esta tem duas partes: 1) o sentimento e 2) a força da inerência desse sentimento num sujeito. Qualquer relação de dependência entre dois termos é uma relação diádica, isto é, secundidade.

Quando qualquer coisa, por mais fraca e habitual que seja, atinge nossos sentidos, a excitação exterior produz seu efeito em nós. Tendemos a minimizar esse efeito porque nossa resposta a ele é, no mais das vezes, indiscernível. É o nosso estar como natural no mundo, corpos vivos, energia palpitante que recebe e responde. No entanto, quaisquer excitações, mesmo as viscerais ou interiores, imagens mentais e sentimentos ou impressões, sempre produzem alguma reação, conflito entre esforço e resistência. Segue-se que em toda experiência, quer seja de objetos interiores ou exteriores, há sempre um elemento de reação ou segundo, anterior à mediação do pensamento articulado e subsequente ao puro sentir.

Esse elemento diádico da experiência penetra cada instante de nosso mundo interior. Estar acordado já é uma consciência de reação, que não se confunde com cognição, pois sua apreensão se dá por meio da percepção direta, anterior ao pensamento. Mero estado de alerta, consciência do eu que só nos é dada por meio da consciência do outro, daquilo que não é eu. Consciência dupla, bipolar. Tornamo-nos cônscios de nós mesmos ao nos tornarmos conscientes do não eu. Binariedade pura. Oposição ou confronto que aparece até mesmo no senso de externalidade, da presença de um não ego, de algo fora de nós que acompanha qualquer percepção que temos das coisas e que nos ajuda a distingui-la de um sonho, devaneio ou de uma alucinação.

Há momentos, entretanto, em que esse estado duplo de uma mesma consciência torna-se dominante e proeminente. Então, a descrição de seus caracteres aparece-nos de modo mais preciso. São os estados de choque, surpresa, luta e conflito profundo que acompanham todas as percepções inesperadas.

Esperávamos uma coisa ou passivamente a tomávamos como garantida, tínhamos a imagem dela em nossas mentes, mas a experiência, intrusa e forasteira, brutalmente empurra aquela ideia para o fundo e nos impele a pensar de modo diferente.

Tendemos a identificar o nosso ego com o estado anterior e a sentir o não ego como tudo aquilo que avança sobre nós, ou sobre o qual nós mesmos avançamos, violando a inércia daquele estado anterior. Essa noção de ser aquilo que outras coisas nos fazem ser é parte tão proeminente de nossa vida que concebemos outras coisas como existindo em virtude de suas reações umas contra as outras.

Daí que seja para estados de luta, fricção entre duas coisas, que Peirce tenha encontrado uma aplicação otimizada para o termo experiência. Experimentamos vicissitudes, especialmente. E a compulsão, a absoluta coação sobre nós de alguma coisa que interrompe o fluxo de nossa quietude, obrigando-nos a pensar de modo diferente daquilo que estivemos pensando, que constitui a experiência.

Ora, coação e compulsão não podem existir sem resistência, e resistência é esforço se opondo à mudança. Portanto, deve haver um elemento de força bipolar na experiência e é isso que dá a ela seu caráter peculiar.

Experiência é o curso da vida. O mundo é aquilo que a experiência nele inculca. E experiência em nós é aquilo que o fluxo de nossa vida nos impeliu a pensar. É por isso que a experiência, o não ego, o outro se constituem no verdadeiro pivô do pensamento, aquilo que move o pensar, retirando-o do círculo vicioso do amortecimento.

Falar em pensamento, no entanto, é falar em processo, mediação interpretativa entre nós e os fenômenos. É sair, portanto, do segundo como aquilo que nos impulsiona para o universo do terceiro.

Antes de penetrarmos no devir incessante do pensamento como representação interpretativa do mundo, que fique claro que nossas reações à realidade, interações vivas e físicas com a materialidade das coisas e do outro, já se constituem em respostas sígnicas ao mundo, marcas materiais perceptíveis em maior ou menor grau que nosso existir histórico e social, circunstancial e singular vai deixando como pegadas, rastros de nossa existência.

Agir, reagir, interagir e fazer são modos marcantes, concretos e materiais de dizer o mundo, interação dialógica, ao nível da ação, do homem com sua historicidade.

Terceiridade

Três elementos constituem todas as experiências. Eles são as categorias universais do pensamento e da natureza.

Primeiridade é a categoria que dá à experiência sua qualidade distintiva, seu frescor, originalidade irrepetível e liberdade. Não a liberdade em relação a uma determinação física, pois que isso seria uma proposição metafísica, mas liberdade em relação a qualquer elemento segundo. O azul de um certo céu, sem o céu, a mera e simples qualidade do azul, que poderia também estar nos seus olhos, só o azul, é aquilo que é tal qual é, independente de qualquer outra coisa. Mas, ao mesmo tempo, primeiridade é um componente do segundo.

Secundidade é aquilo que dá à experiência seu caráter factual, de luta e confronto. Ação e reação ainda em nível de binariedade pura, sem o governo da camada mediadora da intencional idade, razão ou lei.

Finalmente, terceiridade, que aproxima um primeiro e um segundo numa síntese intelectual, corresponde à camada de inteligibilidade, ou pensamento em signos, por meio da qual representamos e interpretamos o mundo.

Por exemplo: o azul, simples e positivo azul, é um primeiro. O céu, como lugar e tempo, aqui e agora, onde se encarna o azul, é um segundo. A síntese intelectual, elaboração cognitiva – o azul no céu, ou o azul do céu –, é um terceiro.

Algumas das ideias de terceiridade que, devido à sua importância na filosofia e na ciência, requerem estudo atento são: generalidade, infinitude, continuidade, difusão, crescimento e inteligência. Mas a mais simples ideia de terceiridade é aquela de um signo ou representação. E esta diz respeito ao modo, o mais proeminente, com que nós, seres simbólicos, estamos postos no mundo.

Diante de qualquer fenômeno, isto é, para conhecer e compreender qualquer coisa, a consciência produz um signo, ou seja, um pensamento como mediação irrecusável entre nós e os fenômenos. E isso, já ao nível do que chamamos de percepção. Perceber não é senão traduzir um objeto de percepção em um julgamento de percepção, ou melhor, é interpor uma camada interpretativa entre a consciência e o que é percebido.

Nessa medida, o simples ato de olhar já está carregado de interpretação, visto que é sempre o resultado de uma elaboração cognitiva, fruto de uma mediação sígnica que possibilita nossa orientação no espaço por um reconhecimento e assentimento diante das coisas que só o signo permite.

O homem só conhece o mundo porque, de alguma forma, o representa e só interpreta essa representação numa outra representação, que Peirce denomina *interpretante* da primeira. Daí que o signo seja uma coisa de cujo conhecimento depende do signo, isto é, aquilo que é representado pelo signo. Daí que, para nós, o signo seja um primeiro, o objeto um segundo e o interpretante um terceiro. Para conhecer e se conhecer o homem se faz signo e só interpreta esses signos traduzindo-os em outros signos.

Em síntese: compreender, interpretar é traduzir um pensamento em outro pensamento num movimento ininterrupto, pois só podemos pensar um pensamento em outro pensamento. É porque o signo está numa relação a três termos que sua ação pode ser bilateral: de um lado, representa o que está fora dele, seu objeto, e de outro lado, dirige-se para alguém em cuja mente se processará sua remessa para um outro signo ou pensamento onde seu sentido se traduz. E esse sentido, para ser interpretado tem de ser traduzido em outro signo, e assim *ad infinitum*.

O significado, portanto, é aquilo que se desloca e se esquiva incessantemente. O significado de um pensamento ou signo é um outro pensamento. Por exemplo: para esclarecer o significado de qualquer palavra, temos que recorrer a uma outra palavra que, em alguns traços, possa substituir a anterior. Basta folhear um dicionário para que se veja como isso, de fato, é assim.

Eis aí, num mesmo nó, aquilo que funda a miséria e a grandeza de nossa condição como seres simbólicos. Somos no mundo, estamos no mundo, mas nosso acesso sensível ao mundo é sempre como que vedado por essa crosta sígnica que, embora nos forneça o meio de compreender, transformar, programar o mundo, ao mesmo tempo usurpa de nós uma existência direta, imediata, palpável, corpo a corpo e sensual com o sensível.

Contudo, repensemos o problema. Se nossa condição de tradutores de um pensamento em outro pensamento funda a natureza mesma do que chamamos consciência interpretativa, então as categorias de primeiridade (sentimento) e de secundidade (conflito) estariam fadadas ao evanescimento irreversível, sempre embolsadas dentro da categoria do terceiro ou interpretação?

Em primeiro lugar, esses três possíveis estados da mente não podem ser entendidos como dados estanques. Disse Peirce: "Nenhuma linha firme de demarcação pode ser desenhada entre diferentes estados integrais da mente, isto é, entre estados tais como sentimento, vontade e conhecimento. É claro que estamos ativamente conhecendo em todos os nossos minutos de vigília e realmente sentindo também. Se não estamos sempre querendo, estamos pelo menos, a todo momento, com a consciência reagindo em relação ao mundo externo". Em suma: "o que em mim sente está pensando", diria depois Fernando Pessoa.

Em segundo lugar, a camada do pensamento interpretativo, pensamento sob autocontrole, é apenas a camada mais superficial, mais à tona da consciência. Essa camada, no entanto, pode, a qualquer momento, ser quase que fendida, subvertida pela pregnância de uma mera qualidade de sentir ou pela invasão de um conflito: instâncias de um lampejo ou lapso de tempo que fissuram a remessa incessante de signo a signo da racionalidade interpretadora.

Trata-se de instâncias, portanto, em que a abstração cognitiva é quase fendida e a consciência encontra um ponto tangencial em que é corpo do mundo e no mundo, instante indiscernível e intraduzível de maior proximidade física e viva da consciência com o fenômeno apreendido.

Nessa medida, para nós tudo é signo, qualquer coisa que se produz na consciência tem o caráter de signo. No entanto, Peirce leva a noção de signo tão longe a ponto de que um signo não tenha necessariamente de ser uma representação mental, mas pode ser uma ação ou experiência, ou mesmo uma mera qualidade de impressão.

O sentimento ou qualidade de impressão é um quase signo porque já funciona como um primeiro, vago e impreciso predicado das coisas que a nós se apresentam. A ação ou experiência também pode funcionar como signo porque se apresenta como resposta ou marca que deixamos no mundo, aquilo que nossa ação nele inculca.

Aí estão enraizadas na fenomenologia as bases para a Semiótica, pois é justo na terceira categoria fenomenológica que encontramos a noção de signo genuíno ou triádico, assim como é nas segunda e primeira categorias que emergem as formas de signos não genuínos, isto é, as formas quase sígnicas da consciência ou linguagem.

PARA SE TECER A MALHA DOS SIGNOS

A Semiótica peirceana, concebida como Lógica, não se confunde com uma ciência aplicada. O esforço de Peirce era o de configurar conceitos sígnicos tão gerais que pudessem servir de alicerce a qualquer ciência aplicada.

Confiramos com suas palavras: "A tarefa que inauguro é fazer uma filosofia como aquela de Aristóteles, quer dizer, esboçar uma teoria tão compreensiva que, por longo tempo, todo o trabalho da razão humana — na filosofia de todas as escolas e espécies, na matemática, na psicologia, na ciência física, na histórica, na sociologia e em qualquer outro departamento que possa haver — deve aparecer como preenchimento de seus detalhes. O primeiro passo para isso é encontrar conceitos simples aplicáveis a qualquer assunto".

Isso não quer dizer que sua teoria tenha nascido para tirar o lugar das outras ciências. Pelo contrário, para fornecer a elas fundações lógicas para suas construções como linguagens que são.

Apesar de ter insistido muito na sua definição de Lógica como Semiótica formal, ou seja, Lógica como configuração de conceitos abstrato formais, ao definir esses conceitos, tinha, na maior parte das vezes, de singularizá-los, para torná-los compreensíveis às mentes empíricas. Numa carta em 1908, Peirce escreveu: "Minha definição de signo foi tão generalizada que, ao fim e ao cabo, desesperei-me ao tentar fazê-la compreensível às pessoas. Assim, para me fazer entendido, eu agora a limitei".

Originalmente, contudo, Peirce tinha em mente o seguinte: "Devemos começar por levantar noções diagramáticas dos signos, das quais nós retiramos, numa primeira instância, qualquer referência à mente, e depois que tivermos feito aquelas noções tão distintas como o é a nossa noção de número primitivo, ou a de uma linha oval, podemos então considerar, se for necessário, quais são as características peculiares de um signo mental e, de fato, podemos dar uma definição matemática de uma mente, no mesmo sentido que podemos dar uma definição matemática de uma linha reta... Mas não há nada que obrigue o objeto de tal definição formal a ter o sentimento peculiar da consciência. Esse sentimento peculiar não tem nada a ver com a logicalidade do raciocínio. É bem melhor, portanto, deixá-lo fora da jogada".

Num outro trecho, Peirce escreve: "Se um lógico for falar das operações da mente, ele deve significar por mente algo bem diferente do objeto de estudo do psicólogo. A lógica será aqui definida como Semiótica formal. Uma definição de signo será dada, sem se referir ao pensamento humano...".

Hoje, quase cem anos transcorridos, essa insistência de Peirce em generalizar a noção de signo a ponto de não ter de referi-la à mente humana não mais soa como formalismo excêntrico, mas soa mais como antecipação, visto que, com o advento da Cibernética, tal necessidade se patenteou histórica e concretamente. Para falarmos dos processos de comunicação entre máquinas, não temos necessariamente de nos referir às peculiaridades da consciência humana. Isso, para não mencionarmos as descobertas da Biologia que estenderam a noção de signo (linguagem e informação) para o campo das configurações celulares.

Ainda em 1909, Peirce escreveu: "A grande necessidade é a de uma teoria geral de todas as possíveis espécies de signo, seus modos de significação, de denotação e de informação; e o todo de seu comportamento e propriedades, desde que estas não sejam acidentais. A tarefa de suprir essas necessidades deve ser tomada por algum grupo de investigadores. Quase tudo que até agora foi realizado nessa direção foi trabalho dos lógicos. Nenhum grupo esteve tão bem preparado para tocar esta tarefa à frente, ou que poderia fazê-la com menos desvios de suas preocupações originais".

Infelizmente, no entanto, poucos lógicos seguiram Peirce na sua insistência sobre os signos. Isto continua por mantê-la solitário na aproximação do Simbolismo, que ele teria preferido chamar *Semiosis* (ação do signo), pelo lado da Lógica.

Assim sendo, as definições e classificações de signo formuladas por Peirce são logicamente gerais, quase matemáticas. O nível de abstração exigido para compreendê-las é, sem dúvida, elevado. Entretanto, uma vez assimilado esse campo de relações formais, essa assimilação passa a funcionar para nós como uma espécie de visor ou lente de aumento que nos permite perceber uma multiplicidade de pontos e distinguir sutis diferenciações nas linguagens concretas pelas quais estamos perpassados e com as quais convivemos.

Definição de signo

Há uma enorme quantidade de definições de signo distribuídas pelos textos de Peirce, umas mais detalhadas, outras mais sintéticas. Dentre elas, escolhemos uma que, para os nossos propósitos, parece exemplar:

"Um signo intenta representar, em parte pelo menos, um objeto que é, portanto, num certo sentido, a causa ou determinante do signo, mesmo se o signo representar seu objeto falsamente. Mas dizer que ele representa seu objeto implica que ele afete uma mente, de tal modo que, de certa maneira, determine naquela mente algo que é mediatamente devido ao objeto. Essa determinação da qual a causa imediata ou determinante é o signo, e da qual a causa mediata é o objeto, pode ser chamada o Interpretante."

Esclareçamos: o signo é uma coisa que representa uma outra coisa: seu objeto. Ele só pode funcionar como signo se carregar esse poder de representar, substituir uma outra coisa diferente dele. Ora, o signo não é o objeto. Ele apenas está no lugar do objeto. Portanto, ele só pode representar esse objeto de um certo modo e numa certa capacidade. Por exemplo: a palavra casa, a pintura de uma casa, o desenho de uma casa, a fotografia de uma casa, o esboço de uma casa, um filme de uma casa, a planta baixa de uma casa, a maquete de uma casa, ou mesmo o seu olhar para uma casa, são todos signos do objeto casa. Não são a própria casa, nem a ideia geral que temos de casa. Substituem-na, apenas, cada um deles de um certo modo que depende da natureza do próprio signo. A natureza de uma fotografia não é a mesma de uma planta baixa.

Ora, o signo só pode representar seu objeto para um intérprete, e porque representa seu objeto, produz na mente desse intérprete alguma outra coisa (um signo ou quase signo) que também está relacionada ao objeto não diretamente, mas pela mediação do signo.

Cumpre reter da definição a noção de interpretante. Não se refere ao intérprete do signo, mas a um processo relacional que se cria na mente do intérprete. A partir da relação de representação que o signo mantém com seu objeto, produz-se na mente interpretadora um outro signo que traduz o significado do primeiro (é o interpretante do primeiro). Portanto, o significado de um signo é outro signo — seja esse uma imagem mental ou palpável, uma ação ou mera reação gestual, uma palavra ou um mero sentimento de alegria, raiva... uma ideia, ou seja lá o que for — porque esse seja lá o que for, que é criado na mente pelo signo, é um outro signo (tradução do primeiro).

Mas, para que a definição de signo fique mais bem dividida, convém esclarecer que o signo tem dois objetos e três interpretantes. Vejamos primeiro num gráfico:

SIGNO

objeto imediato — *interpretante imediato* — *fundamento* — interpretante dinâmico (intérprete) — objeto dinâmico — interpretante em si

O objeto imediato (dentro do signo, no próprio signo) diz respeito ao modo como o objeto dinâmico (aquilo que o signo substitui) está representado no signo. Se trata de um desenho figurativo, o objeto imediato é a aparência do desenho, no modo como ele intenta representar por semelhança a aparência do objeto (uma paisagem, por exemplo). Se trata de uma palavra, o objeto imediato é a aparência gráfica ou acústica daquela palavra como suporte portador de uma lei geral, pacto coletivo ou convenção social que faz com que essa palavra, que não apresenta nenhuma semelhança real ou imaginária com o objeto, possa, no entanto, representá-lo.

O interpretante imediato consiste naquilo que o signo está apto a produzir numa mente interpretadora qualquer. Não se trata daquilo que o signo efetivamente produz na minha ou na sua mente, mas daquilo que, dependendo de sua natureza, ele pode produzir. Há signos que são interpretáveis na forma de qualidades de sentimento; há outros que são interpretáveis por meio de experiência concreta ou ação; outros são passíveis de interpretação por meio de pensamentos numa série infinita.

Daí decorre o interpretante dinâmico, isto é, aquilo que o signo *efetivamente* produz na sua, na minha mente, em cada mente singular. E isso ele produzirá dependendo da sua natureza de signo e do seu potencial como signo. Por exemplo: há signos que só produzirão sentimentos de qualidade. Ao ouvirmos uma peça de música, se não somos conhecedores dos diferentes códigos de composição musical (o que nos levaria também a outros tipos de interpretação), a audição dessa música não produzirá em nós senão uma série de qualidades de impressão, isto é, sensações auditivas, viscerais e possivelmente correspondências visuais. É claro que podemos traduzir essas sensações numa pseudossignificação ou interpretante puramente emocional: alegria, tristeza, monotonia, mudança... Assim, aquele signo, dada a limitação do nosso repertório, não produzirá em nós senão um interpretante dinâmico de primeiro nível, isto é, emocional. (Sobre os modos de se ouvir uma música, veja-se o capítulo *Maneiras de Ouvir*, do livro *O que é Música*, pois lá o autor, J. Jota de Moraes indica essas maneiras em correspondência com as categorias peirceanas.)

Vejamos aqui, porém, o segundo nível do interpretante dinâmico. Se você recebe uma ordem de alguém que tem autoridade sobre você, por respeito ou temor, essa ordem produzirá um interpretante dinâmico energético, isto é, uma ação concreta e real de obediência, no caso, como resposta ao signo.

Se o signo for convencional, ou seja, signo de lei, por exemplo, uma palavra ou frase, o interpretante será um pensamento que traduzirá o signo anterior em um outro signo da mesma natureza, e assim *ad infinitum*. Esse outro signo de caráter lógico é o que Peirce chama de interpretante em si. Este consiste não apenas no modo como sua mente reage ao signo, mas no modo como qualquer mente reagiria, dadas certas condições. Assim, a palavra casa produzirá como interpretante em si outros signos da mesma espécie: habitação, moradia, lar, "lar doce lar" etc.

Percebendo que o signo não é uma coisa monolítica, mas um complexo de relações, que retenhamos em nossa rotina mental essas sutis diferenciações entre as partes do signo, para que possamos passar para as principais classificações de signos onde essas relações serão retomadas com vistas a uma maior elucidação.

Classificação dos signos

A partir dessa divisão lógica e microscópica das partes que interagem na constituição de todo e qualquer signo, Peirce estabeleceu uma rede de classificações sempre triádicas (isto é, três a três) dos tipos possíveis de signo.

Tomando como base as relações que se apresentam no signo, por exemplo, de acordo com o modo de apreensão do signo em si mesmo, ou de acordo com o modo de apresentação do objeto imediato, ou de acordo com o modo de ser do objeto dinâmico etc., foram estabelecidas dez tricotomias, isto é, dez divisões triádicas do signo, de cuja combinatória resultam 64 classes de signos e a possibilidade lógica de 59 049 tipos de signos.

Evidentemente, Peirce não chegou a explorar todos esses tipos. Aliás, em relação a isso ele assim se referiu: "Não assumirei o encargo de levar minha sistemática divisão de signos mais longe, mas deixarei isso para futuros exploradores".

As dez divisões triádicas foram, no entanto, elaboradas. Não faz sentido, porém, entrarmos aqui em tal nível de detalhamento. Basta apontarmos para o fato de que um exame mais minucioso dessas classificações pode nos habilitar para a leitura de todo e qualquer processo sígnico, desde a linguagem indeterminada das nuvens que passeiam no céu, ou as marcas multiformes e cambiantes que as ondas do mar vão deixando na areia, até uma fórmula, a mais abstrata, de uma ciência exata.

Dentre todas essas tricotomias, há três, as mais gerais, às quais Peirce dedicou explorações minuciosas. São as que ficaram mais conhecidas e que têm sido mais divulgadas. Tomando-se a relação do signo consigo mesmo (1º), a relação do signo com seu objeto dinâmico (2º) e a relação do signo com seu interpretante (3º), tem-se:

signo 1º em si mesmo	signo 2º com seu objeto	signo 3º com seu interpretante
1º quali-signo	ícone	rema
2º sin-signo	índice	dicente
3º legi-signo	símbolo	argumento

Observe-se, antes de tudo, que a indicação dos numerais (1, 2, 3), na vertical e na horizontal, não funciona aí como simples esclarecimento didático, mas remete diretamente às três categorias. Desse modo, se formos à leitura dos elementos do gráfico, mantendo na memória aqueles caracteres lógicos de 1º, 2º, 3º, já teremos percorrido metade do caminho para entendimento dos signos que ocupam cada uma dessas casas.

Assim, na relação do signo consigo mesmo, no seu modo de ser, aspecto ou aparência (isto é, a maneira como aparece), o signo pode ser uma mera qualidade, um existente (sin-signo, singular) ou uma lei.

Lembremos: se algo aparece como pura qualidade, esse algo é primeiro. É claro que uma qualidade não pode aparecer e, portanto, não pode funcionar como signo sem estar encarnada em algum objeto. Contudo, o quali-signo diz respeito tão só e apenas à pura qualidade. Por exemplo: uma tela inteira de cinema que, durante alguns instantes, não é senão uma cor vermelha forte e luminosa. Quem assistiu a *Gritos e sussurros* de Bergman, deve se lembrar disso. Era a pura cor, positiva e simples, tão proeminente e absorvente que, no caso, nem sequer se podia lembrar ou perceber que aquela cor estava numa tela. E a qualidade apenas que funciona como signo, e assim o faz porque se dirige para alguém e produzirá na mente desse alguém alguma coisa como um sentimento vago e indivisível. E esse sentimento indiscernível que funcionará como objeto do signo, visto que uma qualidade, na sua pureza de qualidade, não representa nenhum objeto. Ao contrário, ela está aberta e apta para criar um objeto possível.

E por isso que, se o signo aparece como simples qualidade, na sua relação com seu objeto, ele só pode ser um ícone. Isso porque qualidades não representam nada. Elas se apresentam. Ora, se não representam, não podem funcionar como signo. Daí que o ícone seja sempre um quase-signo: algo que se dá à contemplação.

Uma pintura, chamada abstrata, por exemplo, desconsiderando o fato de que é um quadro que está lá, o que já faria dela um existente singular e não uma pura qualidade, mas considerando-a apenas no seu caráter qualitativo (cores, luminosidade, volumes, textura, formas...) só pode ser um ícone. E isso porque esse conjunto de qualidades inseparáveis, que lá se apresenta *in totum*, não representa, de fato, nenhuma outra coisa. O objeto do ícone, portanto, é sempre uma simples possibilidade, isto é, possibilidade do efeito de impressão que ele está apto a produzir ao excitar nosso sentido. Daí que, quanto mais alguma coisa a nós se apresenta na proeminência de seu caráter qualitativo, mais ela tenderá a esgarçar e roçar nossos sentidos.

Por que uma criança é capaz de ficar, talvez dezenas de minutos, na pura absorção contemplativa das qualidades de movimento de um móbile? O que é aquela rara faculdade do artista de ver o que está diante dos olhos, as cores aparentes da natureza, como elas se apresentam, sem substituí-las por nenhuma interpretação? É a capacidade de absorver ícones, poros abertos à simples e despojada possibilidade qualitativa das coisas.

No entanto, porque não representam efetivamente nada, senão formas e sentimentos (visuais, sonoros, táteis, viscerais...), os ícones têm um alto poder de sugestão. Qualquer qualidade tem, por isso, condições de ser um substituto de qualquer coisa que a ele se assemelhe. Daí que, no universo das qualidades, as semelhanças proliferem e os ícones sejam capazes de produzir em nossa mente as mais imponderáveis relações de comparação.

Quando nos detemos, por exemplo, na contemplação das oscilantes formas das nuvens, de repente nos flagramos comparando aquelas formas com imagens de animais, objetos, monstros, seres humanos ou deuses imaginários.

Ora, aquelas formas, de fato, não representam essas imagens. Podem, quando muito, sugeri-las. É por isso que o interpretante que o ícone está apto a produzir é, também ele, uma mera possibilidade (qualidade de impressão) ou, no máximo, no nível do raciocínio, um rema, isto é, uma conjectura ou hipótese. Daí que, diante de ícones, costumamos dizer: "Parece uma escada..." "Não. Parece uma cachoeira..." "Não. Parece uma montanha..." e assim por diante, sempre no nível do parecer. Aquilo que só aparece, parece.

Sem deixar aqui de lembrar o quanto as formas de criação na arte e as descobertas na ciência têm a ver com ícones, examinemos agora as modalidades de hipoícones, ou melhor, dos signos que representam seus objetos por semelhança. Assim, uma imagem é um hipoícone porque a qualidade de sua aparência é semelhante à qualidade da aparência do objeto que a imagem representa. Todas as formas de desenhos e pinturas figurativas são imagens.

Já um diagrama é hipoícone de segundo nível, visto que representa as relações entre as partes de seu objeto, utilizando-se de relações análogas em suas próprias partes. Assim, algumas páginas atrás, para representar as partes constituintes do signo, fizemos um diagrama para evidenciar as relações que essas partes mantêm entre si.

Hipoícone de terceiro nível são as metáforas verbais. Estas nascem da justaposição entre duas ou mais palavras, justaposição que põe em intersecção o significado convencional dessas palavras. "Olhos oceânicos", por exemplo. Quando essas duas palavras são justapostas, o significado de olhos entra em paralelo com o de oceano e vice-versa, fazendo emergir uma relação de semelhança entre ambos.

Passemos, assim, para as tríades em nível de secundidade. Qualquer coisa que se apresente diante de você como um existente singular, material, aqui e agora, é um sin-signo. Isso porque qualquer existente concreto e real é infinitamente determinado como parte do universo a que pertence. Desse modo, uma coisa singular funciona como signo porque indica o universo do qual faz parte. Daí que todo existente seja um índice, pois, como existente, apresenta uma conexão de fato com o todo do conjunto de que é parte. Tudo que existe, portanto, é índice ou pode funcionar como índice. Basta, para tal, que seja constatada a relação com o objeto de que o índice é parte e com o qual está existencialmente conectado.

Isso, em termos amplos e vastos. Concretizando, porém, em termos particulares, o índice, como seu próprio nome diz, é um signo que como tal funciona porque indica outra coisa com a qual ele está factualmente ligado. Há, entre ambos, uma conexão de fato. Assim, o girassol é um índice, isto é, aponta para o lugar do sol no céu, porque se movimenta, gira na direção do sol. A posição do sol no céu, por seu turno, indica a hora do dia. Aquela florzinha rosa forte, chamada "onze-horas", que só se abre às 11 horas, ao se abrir, indica que são 11 horas.

Rastros, pegadas, resíduos, remanências são todos índices de alguma coisa que por lá passou deixando suas marcas. Qualquer produto do fazer humano é um índice mais explícito ou menos explícito do modo como foi produzido. Uma obra arquitetônica como produto de um fazer, por exemplo, é um índice dos meios materiais, técnicos, construtivos do seu espaço-tempo, ou melhor, da sua história e do tipo de força produtiva empregada na sua construção.

Enfim, o índice como real, concreto, singular é sempre um ponto que irradia para múltiplas direções. Mas só funciona como signo quando uma mente interpretadora estabelece a conexão em uma dessas direções. Nessa medida, o índice é sempre dual: ligação de uma coisa com outra. O interpretante do índice, portanto, não vai além da constatação de uma relação física entre existentes. E ao nível do raciocínio, esse interpretante não irá além de um dicente, isto é, signo de existência concreta.

É claro que todo índice está habitado de ícones, de quali-signos que lhe são peculiares e que nele inerem (a secundidade pressupõe a primeiridade). Porém, não é em razão dessas qualidades que o índice funciona como signo, mas porque nele o mais proeminente é o seu caráter físico-existencial, apontando para outra coisa (seu objeto) de que ele é parte.

Quanto às tríades ao nível de terceiridade, elas comparecem quando, em si mesmo, o signo é de lei (legisigno). Sendo uma lei, em relação ao seu objeto o signo é um símbolo. Isso porque ele não representa seu objeto em virtude do caráter de sua qualidade (hipoícone), nem por manter em relação ao seu objeto uma conexão de fato (índice), mas extrai seu poder de representação porque é portador de uma lei que, por convenção ou pacto coletivo, determina que aquele signo represente seu objeto.

Note-se que, por isso mesmo, o símbolo não é uma coisa singular, mas um tipo geral. E aquilo que ele representa também não é um individual, mas um geral. Assim são as palavras. Isto é: signos de lei e gerais. A palavra mulher, por exemplo, é um geral. O objeto que ela designa não é esta mulher, aquela mulher, ou a mulher do meu vizinho, mas toda e qualquer mulher. O objeto representado pelo símbolo é tão genético quanto o próprio símbolo.

Desse modo, o objeto de uma palavra não é alguma coisa existente, mas uma ideia abstrata, lei armazenada na programação linguística de nossos cérebros. É por força da mediação dessa lei que a palavra mulher pode representar qualquer mulher, independentemente da singularidade de cada mulher particular.

É por isso que as frases, que enunciamos, são todas elas pontilhadas de símbolos indiciais (isto é, palavras que funcionam como índices), caso contrário, as frases não teriam qualquer poder de referência. Quando digo: "Aquela mulher, que você viu ontem na rua Augusta...", aquela, você, ontem, rua Augusta, são palavras-seta que apontam para tempos e lugares, coisas singulares, a fim de fornecer aos enunciados um poder de referência.

É evidente também que o símbolo, como lei geral, abstrata, para se manifestar precisa de réplicas, ocorrências singulares. Desse modo, cada palavra escrita ou falada é uma ocorrência pela qual a lei se manifesta. Confiramos com Peirce: "Um símbolo não pode indicar uma coisa particular; ele denota uma espécie (um tipo de coisa). E não apenas isso. Ele mesmo é uma espécie e não uma coisa única. Você pode escrever a palavra estrela, mas isso não faz de você o criador da palavra – e mesmo que você a apague, ela não foi destruída. As palavras vivem nas mentes daqueles que as usam. Mesmo que eles estejam todos dormindo, elas vivem nas suas memórias. As palavras são tipos gerais e não individuais".

Daí que os símbolos sejam signos triádicos genuínos, pois produzirão como interpretante um outro tipo geral ou interpretante em si que, para ser interpretado, exigirá um outro signo, e assim *ad infinitum*. Símbolos crescem e se disseminam, mas eles trazem, embutidos em si, caracteres icônicos e indicais. O que seria de uma frase, por exemplo, sem o diagrama sintático, ordem das palavras, padrão de sua estrutura, isto é, justamente seu caráter icônico que nos leva a compreendê-la? O que seria de uma frase, sem índices de referências? Esses caracteres, contudo, estão embutidos no símbolo, pois o que lhe dá o poder de funcionar como signo é o fato proeminente de que ele é portador de uma lei de representação.

Concluindo: se o ícone tende a romper a continuidade do processo abstrativo, porque mantém o interpretante em nível de primeiridade, isto é, na ebulição das conjecturas e na constelação das hipóteses (fonte de todas as descobertas); se o índice faz parar o processo interpretativo no nível energético de uma ação como resposta ou de um pensamento puramente constatativo; o símbolo, por sua vez, faz deslanchar a remessa de signo a signo, remessa esta que só não é para nós infinita, porque nosso pensamento, de uma forma ou de outra, em maior ou menor grau, está inexoravelmente preso aos limites da abóbada ideológica, ou seja, das representações de mundo que nossa historicidade nos impõe.

Enfim

Aí estão explanadas as três grandes tríades dos signos. Como se pode ver, trata-se de uma divisão lógica a mais genérica, espécie de mapeamento panorâmico das grandes matrizes sígnicas e das fronteiras que as definem. A partir disso, por combinação lógica entre essas matrizes, Peirce estabeleceu dez classes principais de signos que dizem respeito às misturas entre signos que são logicamente possíveis.

Como matrizes abstratas, as três tríades definem campos gerais e elementares que raramente serão encontrados em estado puro nas linguagens concretas que estão aí e aqui, conosco e em uso. Na produção e utilização prática dos signos, estes se apresentam amalgamados, misturados, interconectados.

Por exemplo: todas as linguagens da imagem, produzidas por meio de máquinas (fotografia, cinema, televisão...), são signos híbridos: trata-se de hipoícones (imagens) e de índices. Não é necessário explicar por que são imagens, pois isso é evidente. São, contudo, também índices porque essas máquinas são capazes de registrar o objeto do signo por conexão física. A respeito da fotografia, Peirce esclarece: "O fato de sabermos que a fotografia é o efeito de radiações partidas do objeto, torna-a um índice e altamente informativo". Embora o processo de captação da imagem televisiva seja diferente da fotografia, o caráter inicial de conexão física, existencial e factual nele se mantém.

Poderíamos estender os exemplos de misturas sígnicas indefinidamente. Não o faremos, porém. O que cumpre reter é que as tríades peirceanas funcionam como uma espécie de grande mapa, rigorosamente lógico, que pode nos prestar enorme auxílio para o reconhecimento do território dos signos, para discriminar as principais diferenças entre signos, para aumentar nossa capacidade de apreensão da natureza de cada tipo de signo. Como teoria científica, a Semiótica de Peirce criou conceitos e dispositivos de indagação que nos permitem descrever, analisar e interpretar linguagens. Como tal, os conceitos são instrumentos para o pensamento, lentes para o olhar, amplificadores para a escuta. Portanto, não podem, por si mesmos, substituir a atividade de leitura e desvendamento da realidade. São instrumentos que, quando seriamente decifrados e eficazmente empregados, nos auxiliam nessa atividade. Sozinhos não podem executá-la para nós.

Desse modo, o que a Semiótica peirceana (Semiótica geral, teoria dos signos em geral) nos trouxe foram as imprescindíveis fundações fenomenológicas e formais para o necessário desenvolvimento de muitas e variadas Semióticas especiais: Semiótica da linguagem sonora, da arquitetura, da linguagem visual, da dança, das artes plásticas, da literatura, do teatro, do jornal, dos gestos, dos ritos, dos jogos... e das linguagens da natureza.

Nessas Semióticas especiais, que têm por função descrever e analisar a natureza específica e os caracteres peculiares de cada um daqueles campos, brotam necessariamente as práticas de aplicação, isto é, as atividades de leitura e inteligibilidade dos mais diversos processos e produtos de linguagem: um poema, um teorema, uma peça musical, um objeto utilitário, uma praça pública, um rito, um discurso político, uma peça de teatro, um filme, um programa de televisão, um ponto de luz, uma nota musical prolongada, o silêncio.

OUTRAS FONTES E CAMINHOS VI

Embora a opção deste livro tenha sido aquela de fornecer ao leitor uma visão mais rente à teoria peirceana, não poderia estar completo um panorama geral da Semiótica se deixásse-mos de indicar aqui, mesmo que de modo breve, o traçado das outras duas fontes de origem e desenvolvimento dessa ciência. Senão vejamos.

Uma dessas fontes começou a germinar na antiga URSS, desde o século XVIII, nos trabalhos de dois grandes filólogos, A. N. Viesse-Iovski e A.A. Potiebniá, vindo explodir de modo efervescente na Rússia revolucionária, época de experimentação científica e artística que deu nascimento ao estruturalismo linguístico soviético, aos estudos de Poética formal e histórica e aos movimentos artísticos de vanguarda nos mais diversos domínios: teatro, literatura, pintura, cinema etc.

A outra fonte encontra-se no Curso de Linguística Geral, proferido pelo linguista F. de Saussure, na Universidade de Genebra, no fim da primeira década do século XIX. Esse curso foi, posteriormente, transformado em livro e publicado postumamente a partir das notas de aulas extraídas por alguns alunos.

Esse livro mereceu, imediatamente, a mais ampla divulgação pela Europa e, pouco mais tarde, por quase o mundo todo. Os conceitos linguísticos que ele encerra foram retomados, discutidos e ampliados por uma série de outros linguistas, especialmente L. Hjelmslev; e seus princípios metodológicos foram aplicados a áreas vizinhas, notadamente a Antropologia e Teoria Literária; suas descobertas, devidamente exploradas, radicalizadas e levadas às últimas consequências pelos novos pensadores europeus, particularmente J. Derrida.

A mesma sorte de uma divulgação imediata não acolheu, no entanto, os estudos linguísticos, poéticos e artísticos —

marcados por um vocação semiótica — que os russos nos legaram. A maior parte deles não apenas foi retirada de circulação durante os expurgos stalinistas, mas foi também com grande dificuldade que esses estudos puderam ser recolocados em pauta, décadas mais tarde. Nessa medida, a recuperação dessas investigações pelo Ocidente tem sido lenta, fragmentária e só nos últimos anos alguns trabalhos sérios têm conseguido reconstituir esse legado num quadro mais geral e elucidativo.

De qualquer modo, tentaremos delinear aqui, em breves lances, as características mais gerais das fontes e do desenvolvimento mais recente que essas fontes têm recebido na antiga URSS, remetendo, ao final deste volume, o leitor mais interessado num aprofundamento, para uma pequena bibliografia já existente sobre o assunto no Brasil.

As fontes soviéticas

Começando pelos filólogos citados (Potiebniá e Viesse-lovski) em cujas obras podem ser encontradas, já no século XIX, algumas raízes das descobertas do estruturalismo linguístico no século XX, chegamos ao linguista N. I. Marr, que, no começo do século XX, vinha desenvolvendo, segundo nos informa B. Schneiderman, "uma teoria estadial que ligava intimamente a fase de desenvolvimento da língua com os estádios de desenvolvimento da sociedade".

Controvérsias com Stalin, contudo, emudeceram tanto a voz de Marr quanto de seus adeptos por longo tempo na antiga URSS. Embora publicamente ensurdecidos, seus estudos tiveram prosseguimento num trabalho conjunto com o psicólogo L. S. Vigotski e o cineasta S. M. Eisenstein. Esses estudos incluíam relações entre a linguagem e os ritos antigos, assim como entre a linguagem dos gestos e a língua articulada.

Mencionar o cineasta Eisenstein, no entanto, significa termos de nos deparar com a mais completa encarnação de um verdadeiro "artista intersemiótico" surgido na Rússia revolucionária e pós-revolucionária. Essa intersemiose está expressa na sua preocupação com a origem dos sistemas de signos, na presença da literatura em suas reflexões sobre o cinema, na sua prática do teatro e nos estudos das diversas artes, notadamente a pintura em sua relação com o cinema, assim como nos experimentos, ainda no cinema mudo, com os efeitos de som-imagem e na influência de um instigante conhecimento do ideograma japonês e chinês sobre sua técnica de montagem cinematográfica, além do conhecimento do teatro Kabuki e estampa japonesa, tudo isso culminando numa constante preocupação com a síntese entre ciência e arte.

A interpenetração das artes e destas com a ciência e técnica que, na obra de Eisenstein, encontrou seu ponto limite, também comparecia, na mesma época, nos trabalhos dos poetas cubofuturistas, em experimentos teatrais ou em projetos no campo da escultura – arquitetura e experiências gráficas que faziam emergir a revolução nas artes em sincronia com a explosão de um espírito revolucionário mais global.

Nesse mesmo ambiente efervescente de uma prática semiótica e criativa, irromperam os estudos científicos de Poética que vieram a ser conhecidos sob o título de Formalismo Russo, assim como os fundamentos de uma ciência linguística que nasceram no Círculo Linguístico de Praga, além das investigações em torno de uma Poética histórica e sociológica desenvolvidas pelo chamado Círculo de

Bahktine. Esse campo multiforme, ao mesmo tempo prático-criativo e teórico, constitui-se naquilo que poderíamos considerar sendo as fontes da Semiótica russa.

Como se pode ver, não se trata aí de uma construção da ciência semiótica como tal, mas de uma série de ricas contribuições voltadas para a problemática dos signos na sua relação com a vida social, mais acentuadamente os signos linguísticos e poéticos, revelando, porém, a maioria desses estudos, principalmente os do Círculo de Bahktine, uma acentuada tendência para uma visão globalizadora da cultura, ou seja, a investigação da linguagem na sua relação com a cultura e a sociedade.

A recuperação sistemática dessa rica herança, com vista ao desenvolvimento de investigações intencionalmente semióticas, teve início, na antiga URSS, a partir de fins dos anos 1950, por um número hoje cada vez maior de pesquisadores reunidos quase sempre em torno da figura proeminente de Iuri Lotman. Tirando proveito das fontes mais estritamente poéticas e linguísticas legadas pelo passado, esses estudiosos têm estendido suas indagações para todos os sistemas de signos fundamentando-as em ciências mais recentes tais como a Cibernética e a

Teoria da Informação, e mesmo a Matemática, consideradas todas elas de grande importância não só para a Semiótica como para todas as demais ciências humanas.

Conforme se pode deduzir, apesar de que a intenção desses estudos seja, sem dúvida alguma, a de abrir o leque semiótico de modo a abraçar a totalidade da produção cultural, o que parece faltar, na base dessas investigações, é uma fundamentação teórica, isto é, um corpo científico especialmente semiótico. Ao contrário, as pesquisas lá se desenvolvem a partir de modelos teóricos emprestados de ciências vizinhas, e que são adaptados com vistas à construção de um corpo metodológico aplicável a todo e qualquer fenômeno de linguagem.

Cumpre notar que o modelo teórico privilegiado e nuclear é aquele das línguas naturais, quer dizer, o da linguagem verbal. Tomando-se como base os conceitos teóricos criados pela linguística estrutural para a descrição da língua como sistema, acoplando-se esses conceitos aos pontos de contato que eles apresentam com os da teoria da informação, esses dispositivos são, então, transferidos para o campo de qualquer outra manifestação de linguagem que não a linguagem verbal.

A matriz saussureana

Durante o curso de Linguística Geral proferido por Saussure na Universidade de Genebra, mal podia esse investigador pressentir a colossal repercussão que seu trabalho teria pelo mundo afora e a aplicabilidade que suas descobertas encontrariam em outras áreas do saber no território das ciências humanas.

Que grande salto à frente representa esse curso na história da Linguística iniciada, digamos, desde os trabalhos dos gramáticos gregos? Alimentando-se em algumas fontes de avanço no caminho para uma ciência do verbal, já lançadas no século XIX por W. Humboldt, Saussure, na realidade, compõe, em bases precisas, os princípios científicos e metodológicos que fundam as descobertas da economia específica da linguagem articulada, fazendo aparecer, no horizonte de nossas indagações, esse novo objeto por ele identificado, ou seja, a língua como sistema ou estrutura regida por leis e regras específicas e autônomas.

Mas esclareçamos isso melhor. Se por estrutura formos aí entender categorias gramaticais que se organizam hierarquicamente e que se conjugam em padrões sintáticos definidos, isso é quase tão antigo quanto os primordiais estudos da linguagem verbal. A grande revolução saussureana instaura-se no centro da noção mesma de estrutura. Isso quer dizer: a interação dos elementos que constituem a estrutura da língua é de tal ordem que a alteração de qualquer elemento, por mínimo que seja, leva à alteração de todos os demais elementos do sistema como um todo.

Nesse sentido, a linguística saussureana não é meramente uma teoria para a descrição de línguas particulares, tais como a francesa, inglesa ou ameríndia, mas uma teoria que tem por objeto os mecanismos linguísticos gerais, quer dizer, o conjunto das regras e dos princípios de funcionamento que são comuns a todas as línguas.

Para Saussure, portanto, a língua é um sistema de valores diferenciais, isto é, a língua é uma forma na qual cada elemento, desde um simples som elementar (f, por exemplo, na palavra falo, ou g, na palavra gato), só existe e adquire seu valor e função por oposição a todos os outros. Cada elemento, portanto, só é o que é por diferença em relação àquilo que todos não são. O valor é, por isso, determinado por suas relações no interior de um sistema.

Nessa medida, a linguagem falada, ou a linguagem articulada, só pode produzir sentido, só pode significar, sob a condição de dar forma a certo material, segundo regras combinatórias precisas. A língua é uma bateria combinatória, estabelecida por convenção ou pacto coletivo, armazenada no cérebro dos indivíduos falantes de uma dada comunidade. Somente na medida em que nos submetemos a essas regras, podemos nos integrar numa comunidade linguística e social. Nascer, portanto, não é senão chegar e encontrar a língua pronta. E aprender a língua materna não é senão ser obrigado, desde a mais tenra idade, a se inscrever nas estruturas da língua. Pode-se concluir: a língua não está em nós, nós é que estamos na língua.

Disso se deduz que a língua é um fenômeno social e é esse sistema abstrato formal de regras arbitrárias socialmente aceitas que se constitui para Saussure no objeto da ciência linguística. Daí decorre sua distinção entre língua e fala (*langue e parole*).

A língua é constituída pelo conjunto sistemático das convenções necessárias à comunicação, é um produto social de cuja assimilação cada indivíduo depende para o exercício da faculdade da linguagem. A fala, por seu lado, é a parte individual da linguagem, diz respeito ao uso e desempenho efetivo e substancial das regras da língua num ato de fala e comunicação particulares.

Como se vê, língua e fala são inseparáveis, mas enquanto a fala é circunstancial e mais ou menos acidental, sempre aqui e agora, a língua é essencial e, por isso mesmo, constitui-se num princípio de organização coerente, num sistema autônomo suscetível de aproximação científica específica. Foram, portanto, conceitos teóricos capazes de descrever e analisar as leis articulatórias da língua o que Saussure pretendeu desenvolver no seu curso.

Desse modo, a preocupação explícita desse pensador era a de fundar uma ciência da linguagem verbal. Em nenhum momento foi por ele demonstrada qualquer iniciativa no sentido de formular conceitos mais gerais que pudessem servir de base para uma ciência mais ampla do que a Linguística. Ao contrário, consciente disso, Saussure apenas previu a necessidade de existência dessa ciência mais vasta que ele batizou de Semiologia.

Para Saussure, a Semiologia teria por objeto o estudo de todos os sistemas de signos na vida social. Nessa medida, a

Linguística, ou seja, a ciência que ele tinha por propósito desenvolver, seria uma parte da Semiologia que, por sua vez, seria uma parte da Psicologia Social.

Mais de quarenta anos pós-saussureanos precisaram, no entanto, transcorrer para que a Linguística estrutural fosse devidamente absorvida, divulgada e ampliada, para que seu método fosse aplicado a áreas vizinhas, suas descobertas devidamente exploradas pelos novos pensadores. Assim sendo, só por volta dos anos 1950 é que a proposta saussureana de nascimento da Semiologia passou a ser desenvolvida pelos investigadores europeus.

Esse desenvolvimento pode ser explicado, entre outras coisas, pela pressão ou exigência que a proliferação crescente dos meios de comunicação de massa criava quanto à necessidade de existência de uma ciência capaz de dar conta da natureza e distinções entre as variadas linguagens veiculadas pelos diferentes meios (jornal, cinema, revistas, rádio, TV etc.) e que desse conta, antes de mais nada, de um instrumental teórico mais apto a desvendar a complexa natureza intersemiótica da arte e da literatura modernas.

Contudo, esse instrumental, desde sua origem, a Semiologia tomou de empréstimo à Linguística. Nessa medida, a teoria semiológica de extração linguística caracteriza-se pela transferência dos conceitos que presidem à análise da linguagem verbal articulada para o domínio de todos os outros processos de linguagens não verbais. Assim como ocorre na Semiótica russa, o modelo linguístico é, na maior parte das vezes, preenchido com aparatos teóricos advindos de áreas vizinhas, tais como teoria da Comunicação e Informação, Semântica (ramo da própria Linguística), Antropologia, estudo dos Mitos, Simbologia, Teoria Literária etc. Fica aí em falta, contudo, uma fundação teórica consistente e homogênea capaz de plantar uma ciência Semiótica a partir de raízes próprias.

Dado o fato da existência de obras sobre *Semiologia*, não pretendemos aqui entrar nos detalhes dos caracteres através dos quais a Semiologia europeia tem se desenvolvido. Faz-se necessário, porém, esclarecer que essa distinção entre Semiótica e Semiologia não é apenas terminológica. Apesar de que muitos trabalhos façam indiscriminadamente uso dos dois termos, há que diferenciar as árvores da floresta. Os estudos filiados à tradição linguística terão necessariamente, de saída, postulações profundamente distintas daquelas que a teoria peirceana exige e permite.

Isso é o que para nós tem de ficar bem claro, visto que não é tanto o nome Semiótica ou Semiologia o que realmente importa, no caso, mas a nossa capacidade de discriminar as fontes ou instrumentos teóricos que os estudos semióticos estão tomando como base, para que se possa saber em que terreno se está pisando.

Alguns confrontos

A teoria peirceana foi aquela que primeiramente brotou no tempo, pois que, desde o século XIX, a doutrina geral dos signos estava sendo formulada por Peirce. A primeira década do século XX, por outro lado, corresponde ao período em que Saussure ministrou seu curso na Universidade de Genebra, curso esse que deu origem à divulgação mais ampla de uma ciência Linguística.

No entanto, foi apenas em meados do século XX que, tanto na antiga URSS quanto na Europa, os estudos mais própria e intencionalmente semióticos começaram a se desenvolver. Não resta a menor dúvida de que foi graças a esse grande influxo de uma preocupação semiótica no mundo que a doutrina dos signos, formulada por Peirce, começou a ser recuperada. Não fosse por isso, essa teoria talvez estivesse até hoje quase totalmente ignorada.

Conforme se pode ver, não são lineares os caminhos de uma ciência. É por meio de estranhas espécies de jogos cruzados que o pensamento humano caminha e responde às necessidades com que a realidade o instiga.

Entretanto, a convergência das três fontes da Semiótica para a criação de uma ciência única não pode nos levar a esquecer ou ocultar distinções nas bases dessas fontes. Muitas aproximações, por exemplo, entre a teoria de Peirce e a de Saussure têm aparecido sem levar em conta as raízes de suas diferenças. Durante algum tempo, eu mesma fui levada a estabelecer apressadas relações de comparação entre ambos. Hoje, já vejo mais claro que esse tipo de comparação só pode ser feito *a posteriori*, depois de elucidadas pelo menos algumas dentre as abissais diferenças que separam as obras de cada um desses pensadores.

A Linguística saussureana brotou de um primeiro corte abrupto e estratégico nas relações que a linguagem humana mantém com todas as outras áreas do saber sobre o homem (Antropologia, Psicologia, Sociologia e, sobretudo, a Filosofia). A descoberta da língua, como sistema autônomo e objeto específico de uma ciência que lhe é própria, nasceu exatamente desse corte.

Com isso, contudo, foram rompidas, dê saída, todas as veias de indagação das relações inseparáveis que a linguagem mantém com o pensamento, as operações da mente, a ação e com o intrincado problema da representação do mundo. Essa carência ou lacuna, a Semiologia de extração linguística acabou por carregar inevitavelmente no seu bojo.

Toda a Semiótica peirceana brotou, ao contrário, de um infatigável, longo e árduo caminho inverso. Para Peirce, todas as realizações humanas (no seu viver, fazer, lutar, na sua apreensão e representação do mundo) configuram-se no interior da mediação inalienável da linguagem, entendida esta no seu sentido mais vasto. Com isso, aflora o que poderíamos denominar o mais cabal deslocamento no polo e vetor das tradicionais teorias do conhecimento, visto que a Semiótica peirceana é, antes de mais nada, uma teoria sígnica do conhecimento.

Não há dúvida que a linguagem foi, no século XX, o objeto nuclear das indagações filosóficas. Entretanto, a posição de Peirce, nesse contexto, é personalíssima, visto que, enquanto a moderna filosofia europeia tem buscado questionar o racionalismo ocidental, utilizando ainda as ferramentas de um pensamento verbalista, na filosofia de Peirce essas ferramentas são dinamitadas de saída.

Por outro lado, vindo de uma formação nas ciências exatas, Peirce representa a novidade de não separar a filosofia e a construção de seu pensamento dos avanços nas ciências modernas, antevendo, inclusive, muitas descobertas que estas vieram a apresentar no transcorrer do século XX.

Nessa medida, sem negarmos a importância dos estudos realizados pela Linguística e a Semiologia, acreditamos que, cada vez mais, o debate entre Semiótica e Semiologia tenderá a esmaecer, diante de outro debate: o da teoria peirceana em diálogo de absorção e oposição com 25 séculos de tradição filosófica ocidental.

Não queremos com isso dizer que os estudos semiológicos tenderão a desaparecer. Ao contrário, tenderão provavelmente a crescer, convertendo-se em casos particulares, isto é, em Semióticas especiais para o preenchimento imprescindível dos detalhes descritivos de uma ciência mais ampla e mais abstrata: a teoria geral ou quase formal e necessária doutrina dos signos, conforme Peirce a batizou.

INDICAÇÕES PARA LEITURA

Fragmentos selecionados da obra de Peirce encontram-se publicados nos *Collected Papers* (oito volumes), Harvard U. Press. Alguns trechos, selecionados por entre esses oito volumes, foram traduzidos para o português. Contamos hoje, no Brasil, com três edições que contêm pequenas partes da obra de Peirce. São elas: *Semiótica e filosofia* (Ed. Cultrix), *Peirce* (col. Os Pensadores, Abril, vol. XXXVI) e *Semiótica* (Ed. Perspectiva).

Além disso, há vários anos, têm sido publicadas no Brasil obras traduzidas de autores estrangeiros ou obras de autores brasileiros, todas elas relativas à Semiótica Geral ou aplicada. Nessas obras, o leitor poderá encontrar sínteses mais ou menos extensas da teoria dos signos. No livro *Pequena estética*, de Max Bense (Ed. Perspectiva), por exemplo, há uma introdução de Haroldo de Campos, assim como notas e comentários no decorrer do livro, onde conceitos semióticos são tratados e discutidos. O livro *Semiótica e literatura* (Ed. Perspectiva), de Décio Pignatari, foi a primeira obra de autor brasileiro a trazer para o nosso contexto uma aplicação da teoria semiótica à Literatura. Na introdução (escrita por Haroldo de Campos) ao livro *Ideograma* (Ed. Cultrix), o leitor poderá encontrar importantes discussões sobre os signos peirceanos em correlação com os ideogramas e os anagramas poéticos.

Para uma visão geral das diferentes correntes semióticas, entre elas a teoria de Peirce, poderão ser consultados os seguintes livros: *Semiótica, Informação e comunicação*, de J. Teixeira Coelho Netto (Ed. Perspectiva), e *Tratado de semiótica geral*, de Umberto Eco (Ed. Perspectiva).

Quanto à Semiótica na antiga URSS, contamos hoje, no Brasil, com uma importante obra organizada por Boris Schnaiderman, sob o título *Semiótica russa* (Ed. Perspectiva).

Sobre esse mesmo assunto, vale a pena consultar o artigo *A nova escola semiótica soviética*, de Jasna P. Sarhan, na Rev. Polímica nº 1(Ed. Moraes).

A bibliografia sobre a Semiologia europeia é bastante extensa no Brasil. Indicarei aqui apenas um livro: *Elementos de semiologia*, de R. Barthes (Ed. Cultrix). Limito-me à indicação dessa obra porque, tendo sido ela a primeira a surgir, no contexto europeu, como proposta de desenvolvimento de uma Semiologia a partir de uma metodologia linguística, acabou por marcar, de modo mais ou menos absoluto, as tendências subsequentes no desenrolar da Semiologia europeia de extração saussureana e hjelmsleviana.

SOBRE A AUTORA

Lúcia Santaella é formada em Letras pela Universidade Católica de São Paulo. Nessa mesma Universidade, defendeu seu doutoramento na área de Teoria Literária, em 1973. De lá para cá, tem se dedicado a pesquisas teóricas e aplicadas de caráter semiótico. Atualmente trabalha no programa de estudos pós-graduados em Comunicação e Semiótica da PUC-SP, onde — no contato com alunos advindos de campos os mais diversos, da arte à matemática, da poesia à engenharia, da música à arquitetura — mais aprende do que ensina.